Babylon

Zuca Sardan

Babylon
mystérios de Ishtar

COMPANHIA DAS LETRAS

Copyright © 2004 by Carlos Felipe Saldanha

Capa
Raul Loureiro
sobre ilustrações de Zuca Sardan

Preparação
Maria Cecília Caropreso

Revisão
Denise Pessoa
Isabel Jorge Cury

Ilustrações do autor

Dados Internacionais de Catalogação na Publicação (CIP)
(Câmara Brasileira do Livro, SP, Brasil)

Sardan, Zuca
 Babylon : mistérios de Ishtar / Zuca Sardan. — São Paulo : Companhia das Letras, 2004.

ISBN 85-359-0539-1

1. Folhetins brasileiros I. Título.

04-5181 CDD-869.9

Índice para catálogo sistemático:
1. Folhetins : Literatura brasileira 869.9

[2004]
Todos os direitos desta edição reservados à
EDITORA SCHWARCZ LTDA.
Rua Bandeira Paulista 702 cj. 32
04532-002 — São Paulo — SP
Telefone (11) 3707-3500
Fax (11) 3707-3501
www.companhiadasletras.com.br

Index

1. Cartola, 9
2. Plumas, 17
3. Leques, 23
4. Cetro, 29
5. Bulas, 37
6. Flechas, 45
7. Pneus, 51
8. Cumbucas, 57
9. Lanterna, 63
10. Cornucópia, 69
11. Circo, 77
12. Morcego, 85
13. Ossos, 93
14. Botijões, 99
15. Tridente, 107
16. Gárgulas, 113
17. Constelações, 119
18. Caranguejo, 125
19. Crepúsculo, 131
20. Buzina, 145
21. Lauréis, 151
22. Guizos, 155

1. Cartola

Noite de lua assombrosa entre nuvens escabeladas. Sobre colossal muralha, Professor Fumegas entrevista a Deusa Terrível.

(FUMEGAS) — Dizei-me, ó Divina, quais os Mistérios da Babilônia?
(DEUSA) — Minhas tetas.
(FUMEGAS) — Vossas tetas?...
(DEUSA) — ...divinas. As Mangas da Mesopotâmia.
(FUMEGAS) — Vossas tetas as mangas...
(DEUSA) — ...divinas. Chovem tetas... Chovem mangas...
(FUMEGAS) — Chuva de mangas divinas...
(DEUSA) — ...para os Iniciados: os Mistérios da Babilônia.
(FUMEGAS) — Os jornais todavia nada noticiam.
(DEUSA) — Ninguém vê a divina chuva de mangas. Só os Iniciados.
(FUMEGAS, de joelhos) — Chovei, chovei um poucochito, ó Deusa...
(DEUSA) — Pra ti, velho seboso? Ah Ah Ah Ah!!!...

A Deusa desaparece numa explosão de orquídeas. Fumegas, baforando aromáticas volutas que se evolam do cachimbo de âmbar, desce pela corda, meditativo, e entra no táxi preto de Seu Cafunga. Louca disparada pelas dunas. Chegam à margem do Eufrates. Fumegas, de cachecol esvoaçante, salta no hidroavião de Sandro Ciclone. Ao ombro do piloto, agita-se o papagaio.

(FUMEGAS) — Os dados foram lançados. Agora, Sandro, acione os motores, e voar, voar, rumo à Holanda.
(PAPAGAIO) — Volare... Volare...
(SANDRO) — Cantare... Cantare...

Theatro Morfeo na penumbra: Lotrak, solene, de fraque, sabe tirar colossais tartarugas da cartola, e as deixa cair, com distinto sorriso e supina elegância, na cabeça de dramaturgos, na primeira fila, e sabe também arremessá-las até o balcão nobre. Com pontaria infalível. Já matou alguns famosos, e Ésquilo não lhe escapou.

Esboça-se um movimento de reação entre os dramaturgos, que todavia seguem um tanto desunidos, em meio a pendengas e proverbiais ciumeiras de uns com os outros, espicaçadas pela severa seleção com que o maquiavélico Mago escolhe seus alvos. Mas a tensão vai crescendo, e Lotrak, preocupado, entra no camarim e abre a tampa do sarcófago da Múmia Princesa, sua principal atração nos espetáculos do draculesco Theatro:

(LOTRAK, com respeitosa reverência) — Salve, Princesa!
(MÚMIA) — Quando te escapas, Lotrak?

(LOTRAK) — Já deveria ter fugido, mas não posso abandonar-te, os diretores do Theatro, vis vendilhões, acabariam te rifando a um museu mexicano...

(MÚMIA, sarcástica) — ...ou à farmácia de Bruxelas.

(LOTRAK) — Tua beleza divina não escaparia ao olhar refinado de Schliemann.

(MÚMIA) — Schliemann gosta de trabalhar em escavações, em Tróia, em Creta, mas não em leilões de bugigangas de circo.

(LOTRAK, desesperado) — Que faço, Princesa?...

(Morcegos esvoaçam no camarim em penumbra.)

(MÚMIA) — Tranca-me bem no sarcófago e solta o sarcófago nas águas tenebrosas do rio subterrâneo dos esgotos.

(LOTRAK) — Não ousaria...

(MÚMIA) — O rio subterrâneo passa pelas catacumbas do Theatro, e em suas fétidas águas navega a barca fatal de Caronte...

(LOTRAK, pálido) — A Barca do Inferno!

(MÚMIA) — Barca terrível para as almas dos míseros defuntos... Mas não para mim. Não sou dessas almas esfarrapadas que se danam, sou o corpo divino.

(LOTRAK, em transe) — Salve, Princesa!

(Ouve-se o som, que vai aumentando, pouco a pouco, de um órgão sepulcral.)

(MÚMIA) — Eu não sou a alma, eu sou o corpo, e o corpo é divino. Os vermes e as ratazanas ganham apenas a carcaça, meros ossos e pelancas. Mas o corpo é divino. A alma se esfacela, mas o corpo é divino.

(Majestosa fuga de Bach. Ratazanas correm pelos cantos.)

(LOTRAK, voz cava) — O que será de mim, sem tua proteção?

(MÚMIA) — Cedo ou tarde nos encontraremos. Por ora, executa tua missão, lança-me ao rio.

(LOTRAK, soturno) — Sim... a dolorosa missão será cumprida. Adeus, Princesa!...

(Em vertiginoso crescendo, o órgão finalmente explode. Sulfurosa fumaceira envolve a cena.)

Tanto barulho fizeram os jornais com os assassinatos em série que a Interpol acabou tendo de sair da habitual modorra e lançou uma caçada humana pelos cinco continentes e ilha Maurícia. Finalmente descobriram Lotrak encafuado dentro dum baú na mísera carrocinha onde habita a velha e hoje esmolambada La Goulue, outrora famosa dançarina de cancan do Moulin Rouge em Paris. Sic transit gloria mundi. Os policiais despacharam Lotrak acorrentado para a Holanda, onde os pacifistas fazem vociferantes passeatas, exigindo sua imediata libertação. Porém Dona Charlotte, jurista desassombrada, que comanda a Comissão Especial, enfrenta, de carranca fechada, os manifestantes. Mais impávida que Leônidas nas Termópilas, Dona Charlotte barra no peito a entrada do Palácio da Paz, guarda-chuva em riste: "Ousem lá, seus lafranhudos, ousem lá...". Os manifestantes às vezes insistem, e logo chovem as coruscantes guarda-chuvadas.

Sabendo do interesse jurídico da questão, nossa *Gazetta Preta* despachou Professor Fumegas de Bagdad para a Holanda. Com seu cachimbo de porcelana, o Professor adaptou-se imediatamente à paisagem batava.

Pois imaginem que no Palácio da Paz, em Haia, onde funciona a Corte, em vez de numa estátua, ou busto que fosse, do Ruy Barbosa, Professor Fumegas tropeçou no saguão de entrada num portentoso Prometeu Acorrentado, com a Águia de Júpiter roendo-lhe o fígado. Um monumento gigantesco, entupindo a porta, as pessoas precisando se espremer pra passar. Segundo o Professor Fumegas, trata-se de uma alegoria: o titan encadeado representa o Lotrak, contumaz caloteiro, que prometeu mas não cumpriu; e a Águia é certamente o Ruy. Eis porém que Doutor Barboff, filósofo engajado moscovita, resolve temerariamente discordar da tese de nosso consagrado observador internacional:

(BARBOFF) — Minhas barbas, professor, se a águia é o Barbosa!...
(FUMEGAS) — Ora, não falemos de futebol... Os demais jogadores da seleção se empaspalham e Barbosa entra de bode expiatório... Que seja então Barbosa o bode. Mas a águia é o Ruy.
(BARBOFF) — Não seja inconveniente... A águia é Dona Charlotte, que está arrancando o fígado do Lotrak. É a Força do Direito Internacional contra a vigarice e o horrendo genocídio perpetrado por esse sanguinário canastrão de guinhol.
(FUMEGAS) — As tartarugas são resistentes, não morrem assim tão fácil.
(BARBOFF) — Não me refiro às tartarugas, Professor! Estou pensando nos artistas sacrificados. Se o senhor não fosse tão alienado nas fumarolas bizantinas de seu cachimbo, perceberia que os atentados são sempre voltados para os dramaturgos da esquerda engajada. Felizmente Bertolt Brecht jamais entrou no sarnoso mafuá do Lotrak.
(FUMEGAS) — Lorotas, Doutor Barboff! Hoje em dia, com exceção de Claudel e Nelson Rodrigues, todos os dramaturgos são da esquerda. E isso não é culpa do Lotrak. Estivesse aqui o Ruy a defendê-lo, e já estaria o titan dos palcos despojado de seus aviltantes grilhões.

* * *

Como seria de se esperar, com o furioso interesse de jornais e televisão, Lotrak tornou-se famoso em Tóquio e Nova York, e já é hoje herói consagrado na mídia, fazendo videoclipes pra tevê, todo acorrentado, com olhar estóico, verdadeiro lobo de Vigny. Um estrondoso sucesso que lhe vem propiciando uma receita astronômica depositada na Suíça. Crescem, inexoravelmente, auês e manifas dos pacifistas diante das embaixadas das grandes potências e do Palácio da Paz. Tal situação vem preocupando as tartarugas. E alguns dramaturgos de mais altos coturnos.

2. Plumas

A vestal Arlette tem um deslumbrante leque arnuvô, de penas gigantescas de avestruz, que ela bem sabe agitar, abanante alegoria das Ciências Divina e Profana. Arlette é a vestal favorita do Faraó Sparatrok, que também tem seu abanador e espanta-moscas de plumas de avestruz. Sparatrok até convidou Arlette para um cafezinho na sua pirâmide, para falarem, justamente, de plumas. Mas Arlette, pelo sim, pelo não, desconversou. Mas o escriba Manofas, sempre alcoviteiro, assegura que o Faraó é pessoa finíssima.

(MANOFAS) — Meu Faraó é muito afável, Arlette, só quer conversar. Só se interessa por plumas. Ele, aliás, já está mumificado.
(ARLETTE) — Mas ainda não está em museu, e sequer em mafuá.
(MANOFAS) — Múmia de faraó não é pra mafuá. O Louvre e o Britânico, sim, estão muito interessados.
(ARLETTE) — Nem tão famoso ele é. Sua pirâmide é bem baixinha.
(MANOFAS) — Pois não viste os subterrâneos... São gigantescos, de vários andares, galerias labirínticas... recelando preciosíssimos tesouros! Várias expedições arqueológicas já se

perderam naquele aranhol, e nunca mais voltaram. Lord Carnarvon que o diga.

(ARLETTE) — A maldição do faraó! Justamente o que me preocupa.

(MANOFAS) — Mas meu Faraó jamais te lançaria uma praga. A admiração e o afeto que ele nutre por ti são sem limites. Ele nunca te levaria às catacumbas, ele te receberia no luxuoso salãozinho do mezzanino...

(ARLETTE) — Motivo de ainda maiores preocupações.

(MANOFAS) — Mas se eu já te garanti que ele está mumificado...

(ARLETTE) — Falta saber até que ponto vai essa mumificação.

(MANOFAS) — Tenho um atestado, em hieróglifos.

(ARLETTE) — Autêntico? Com firma reconhecida?...

(MANOFAS) — Reconhecida em hieróglifos. Pois se sou eu mesmo o escriba...

(ARLETTE) — Mande traduzir para o latim. Mistérios por mistérios, senhor Manofas, conheço não só os romanos e gregos mas também os egípcios e babilônicos.

(MANOFAS) — És muito espertinha, Arlette, uma vestal sumamente articulada...

(ARLETTE) — Nefertite não era vestal, mas também tinha suas manhas.

(MANOFAS) — Amenophis que o diga... teve de inventar uma nova religião, pra ver se ela sossegava um pouco. Até mudou a capital do Egito.

Arlette não se enrola em tiras de múmia: é ligeira de pique e corre em ziguezague, come pulseiras, colares, relógios, esmeraldas, diamantes, e não sente azia. Quando há perigo por perto, enfia a cabeça no turbante e se torna invisível. Só lança augúrios em público quando as Plêiades deslumbradas aparecem no Theatro Morfeo, batem loucamente palmas, gritam, sapateiam, rolam pelo chão, desmaiam. Arlette sabe revirar seus olhos pestanudos por cima da borda do leque. As Plêiades são taradíssimas pela Vestal. Mas só pela Vestal. Por mais ninguém. O Mago Lotrak, despeitado, se rala de raiva.

Já foi inclusive surpreendido nos bastidores do Morfeo, esse maquiavélico mago, sobraçando gigantesca tartaruga. O Bufão Malastrettas e um eminente estadista português, o Chanceler Fuas Manuel, se lançaram contra o nigromante. Após uma luta rocambolesca, lograram subjugá-lo. Trancaram Lotrak no baú da cartomante. O Chanceler Fuas Manuel, a bordo do vapor *Adamastor*, levou a tartaruga pra Lisboa.

3. Leques

No sarau de luxo do Paço, enquanto Nectério vai recitando sonetos cheios de empernamentos assaz cabeludos, que fazem empalidecer pulcras donzelas, explode terrível petardo. Na falta de Fuad Ali, que anda por Marraqueche, ou até mais pra lá, quando baixa a poeira e se esvai a fumaça, o agente Bruno, que chefia o serviço de inteligência palaciano, manda prender a vestal Arlette. O Imperador Polidoro solicita ao agente alguns esclarecimentos.

(POLIDORO) — Como descobriste, Bruno, que o atentado foi obra da mocinha?

(BRUNO) — Meu faro de detetive não falha. Essa moça tem cheiro de subversiva.

(POLIDORO) — Quem tem faro é perdigueiro, e o Rex não latiu pra Arlette.

(BRUNO) — Essa moça é muito comunista, Imperador.

(POLIDORO) — Ora, ora, Bruno!... Não há vestais comunistas. E os comunistas, depois da queda do muro de Berlim, estão de bola furada. Lenin já perdeu o boné. As Vestais são da direita: tradicionalistas, esotéricas, pudibundas...

(BRUNO) — Pois então, Imperador, essa moça é muito pudibunda.
(POLIDORO) — Acho que estás utilizando semântica subliminar. No caso, aliás, não seria preciso recorrer ao Lacan pra explicar o significante.
(BRUNO) — Havia uns nacos de pluma de avestruz no artefato explosivo.
(POLIDORO) — Quem tem tais plumas é o referido pássaro egípcio, o preferido de Iemanjá, e que leva o número um no jogo do bicho.
(BRUNO) — Esta foi nossa pista. Plumas de avestruz são usadas em leques.
(POLIDORO) — E em calcinhas mais sofisticadas. Mas como sabes que os nacos de pluma na bomba eram do leque de Arlette?
(BRUNO) — A Imperatriz me contou.
(POLIDORO) — Está tudo explicado.

Alguns leitores reclamam que andam explodindo muitos petardos ultimamente nos folhetins do Zuca. A culpa não é nossa, leitoras minhas gentis que vos partistes... Esses petardos fazem parte dos inconvenientes do cotidiano nos tempos brabos em que vivemos. Aliás, o burrico de Fuad Ali, segundo uma agência noticiosa egípcia, acaba de ser ferido na perna por um obus. Doutor Gamboa, conceituado veterinário, que o teria tratado, foi intimado pela Interpol a prestar esclarecimentos. Mas isso seria assunto pra outro folhetim, mais politizado. Quanto aos leitores, melhor fariam se reclamassem, não dos petardos, mas sim da arbitrária detenção da bela Vestal. Nem a Boca da Verdade de Veneza a tanto ousara. Hasta cuando, Catilina... Que venham as Plêiades!

As Plêiades se arrancaram os cabelos aos brados, exigindo a libertação imediata de Arlette. Telefonaram a Don Gastón, o juiz espanhol, pra que faça qualquer coisa. A todas essas, a Imperatriz Penélope se abana e mal disfarça a mafiosa satisfação. Isso porque, toda gente sabe, o leque de Arlette é belo... demais. Mas não adiantaram os protestos das Plêiades e do Bufão Malastrettas, porque o Imperador Polidoro, sempre teimoso e imprevisível, mandou trancafiar a bela Vestal na mais profunda masmorra da Torre do Escorregão. Confiscaram-lhe o leque, mas deram-lhe umas castanholas.

A Imperatriz Penélope, de boquinha levemente plissada e brilho cruel nos revirados olhitos, acaricia seu langoroso angorá, beberica lentamente o xerez e conspira com sua fiel aia Custódia:

(PENÉLOPE) — Tanto qu'em idade florida viva, servirei Amor, safo pirralho.
(CUSTÓDIA) — Sois muy marota, Imperatriz...
(PENÉLOPE) — E clemente também. Ordenei dessem à prisioneira umas castanholas de Sevilha.
(CUSTÓDIA) — Aquela Vestal subversiva nem tanto merecia. Estava perigosamente enrabichada pelo Imperador.
(PENÉLOPE) — Tanto ou mais que embale o vento...
(CUSTÓDIA) — O Imperador? Mas ele loucamente vos ama, Imperatriz!
(PENÉLOPE) — Não tanto ao Imperador me referia, oh oh... Mas que leve o vento as plumas... do leque de Arlette.
(CUSTÓDIA) — Mas poderíeis usar essas mesmas plumas em vosso próprio leque. Eu as saberia sabiamente incrustar, en-

quanto distraidamente brincásseis com vosso mimoso angorá. O que os olhos não sabem deixa o coração fremente...

(PENÉLOPE) — És meu espelho oficioso, oh muy ardilosa e fiel Custódia!

4. Cetro

Lascando o cetro de raiva na mesa e nas cortinas do salão, o Imperador Polidoro aos urros despacha o agente Bruno e sete policiais em frenética carreira de matracas atrás do Maestro Pastelone. Fígaro cuí, fígaro lá, não se sabe por que se destampou tão frenética fúria do poder temporal. O Maestro pula por cima do muro, se embarafusta pelos jardins da Nunciatura Apostólica e s'esconde atrás duma bela estátua em carrara de Vênus Callipige. Mesmo no aperto, Maestro sabe escolher. A seguir, irrompendo no salão nobre, abraça-se qual náufrago exangue à faixa de seda grenat do barrigão do Núncio Beltrame:

(PASTELONE) — Valei-me, valei-me, meu Núncio!
(BELTRAME) — Desgruda-te de minha cinta, filhote. Não sou a jangada da Medusa... Um pouco de serenidade e compostura...
(PASTELONE) — Valei-me, Dom Beltrame, minha vida vai por um fio! o Imperador quer minha cabeça!...
(BELTRAME) — Talvez só queira a cartola. Alguma traquinada por certo aprontaste. Confessa-te primeiro. Ao menos morrerás bom cristão.

(PASTELONE) — Sou um mártir da Arte imolado no altar sangrento da Tirania!
(BELTRAME) — Não exageres nessa escatológica dramaturgia. O Imperador Polidoro é um soberano piedoso e justo. Poderá talvez te perdoar.
(PASTELONE) — Ele é o Anticristo! Ele é a Besta do Apocalipse!
(BELTRAME) — Tu, sim, filhote, é que és a Besta do Vaudeville.
(PASTELONE) — Já fostes ao Circo Spartaco?
(BELTRAME) — Infelizmente... Disseram-me que havia um auto do martírio de uma linda mocinha cristã no Coliseu... devorada por um leão.
(PASTELONE) — Certamente o combate de Bellona com o Leão. É um espetáculo inspirado na mais exaltada religiosidade... Aprontei, de fundo musical, uma trágica partitura para meu órgão de fole, inspirado na Fuga número cinco, de Sebastian Bach. Apreciastes, por sem dúvida...
(BELTRAME) — Una vera marmelata. Mas vais ou não vais desgrudar-te de minha cinta?... Per la corcova della strega, lasciateme!!
(PASTELONE, desgrudando-se por fim) — Valei-me, Dom Beltrame, pelas santas barbas de São Francisco.
(BELTRAME) — Quale San Francesco?
(PASTELONE) — O de Pádua, o meu santo protetor.
(BELTRAME) — Ignaro, São Francisco é de Assis! Quem é de Pádua é Santo Antônio, aquele que é calvo e leva o Menino Jesus de pé no missal.
(PASTELONE) — Valei-me, pela santa careca do Papa Pasquale...
(BELTRAME) — Alem de ignaro, és um sacrílego infame. Afasta-te, bode de Mendes! Lasciateme!, ou te fumigo do incensório com naftalina!...
(PASTELONE, de joelhos) — Perdão, Dom Beltrame! perdão...

* * *

Telefona então o atilado Núncio Beltrame à Santa Sé e consulta o manhoso Cardeal Rubicone. O diálogo entre essas duas sumidades canônicas, como sempre, alem de sibilino se mostra finamente viperino:

(BELTRAME) — Nem te digo das blasfemas improupriedades do Maestro. Ademais, em apenas sete dias de asilo, acabou com meu estoque de queijo, presunto, e sublimou minha grappa.
(RUBICONE) — Vea victis, Beltrame, vea victis... Tomaremos devidas providências. Entrementes, mantenha sobranceira paciência. Roma não foi feita num dia, as tetas da loba que o digam... Piedade, sim, mas com contenção de despesas.

O Imperador Polidoro, enraivecido com os acontecimentos, está chutando o velho busto de Juliano Apóstata que orna seu gabinete, e se nega a conceder a expatriação de Pastelone. O Chanceler Borelli insiste suavemente num compromisso:

(BORELLI) — Mas, Meu Imperador, precisamos pensar nas suscetibilidades cristãs do povo... O Poder Temporal precisa do Espiritual para acalmar nossas ovelhas...
(IMPERADOR) — As ovelhas são do Arcebispo, e não minhas! Tenho apenas súditos, e já basta assim, porque problemas todos inventam, mas soluções ninguém me traz. Ai!, meu caro Borelli, não há quem seja mais solitário que o Soberano... Só a leitura de Sêneca me traz algum sossego...

(BORELLI, pigarreando) — Mais prudente seria ler Machiavelli... Mas, enfim, aqui estou para enfrentar os problemas e trazer soluções dignas e equilibradas pra Vossa Majestade Imperial. O diplomata é um sacerdote guerreiro, um Templário da Pátria... com luvas de pelica. E eventualmente... monóculo.

(IMPERADOR) — Outro dia explodiu colossal petardo no Paço, e o chefe da segurança que me recomendaste, aquele abestado Bruno, o que faz? Manda prender a Vestal...

(BORELLI) — Pessoal da segurança muito inteligente é perigoso. Melhor que sejam singelos, porém valentes e leais. Mas, Meu Imperador, voltando ao dossiê Pastelone, dizer-vos devo que o Cardeal Rubicone telefonou-me de Roma, deixando transparecer as reticências da Santa Sé...

(IMPERADOR) — Tenha a Santa Sé suas reticências, que eu tenho cá os meus apóstrofos... O Cardeal Rubicone é um vão demagogo da Teologia Liberô e o Papa Pasquale um deslavado fingido, que já conheço desde seus tempos de sacristão. Aquele sorrisinho de mártir... Pois sim!... pois sim!...

O Chanceler Borelli, com sofrido suspiro, se retirou. O Imperador leu mais um capítulo de Sêneca. E, magnânimo, mandou libertar a vestal Arlette, essa esotérica pagã, que recebeu de volta seu leque de plumas e conservou as castanholas. A Imperatriz Penélope não entende o que se passa afinal com seu augusto consorte. Talvez ele tenha tomado sol demais na última parada militar, não acabavam mais de passar soldados, dragões a cavalo, tanques, motocicletas... Certamente amoleceram-se-lhe os miolos... Penélope teve um acesso de choro e se trancou em seus aposentos com o gato angorá. Só a sua aia fiel, Custódia, tem acesso à augusta alcova, pra levar o manjar da Imperatriz, uns franguinhos com fritas, água mineral Pistóia, um xerez e os camundongos do angorá Tibério.

5. Bulas

Lua luzindo, declaração de amor. Papa Pasquale por perto, casamento na certa. Cuidado, Rafael, com tua Fornarina, ou vais ter broa todo dia de manhã. As beatas também gostam de seu jeitoso Sumo Pontífice. Pasquale sempre tem uma palavrinha gostosa pra cada uma. De tão bonzinho vai acabar beatificado num futuro previsível. Segundo o Cardeal Rubicone, nosso Papa tem a mesma esperteza do Alexandre Borgia, menos a maldade; e a mesma cultura do Leão X, menos o elefante. Assim, aliás, manhosamente se expressou, em conversa com o Professor Fumegas. E, prestíssimo, nosso filósofo resolve contradizer:

(FUMEGAS) — Mas sem sua oportuna maldade, o Papa Borgia não poderia defender a Santa Madre Igreja das ganas conquistadoras do Imperador e dos conluios dos traiçoeiros príncipes italianos. Pecou, sim, envenenou vários condes e fradecos, mas o fez no interesse superior de defender o Vaticano. Nessa defesa, não hesitou em imolar sua própria salvação pessoal. De certo modo, foi um mártir excepcional, pois seu sacrifício, em vez do Paraíso, lhe oferecia tão-somente o cruento Inferno.

(RUBICONE) — Mas... e suas namoradas?...

(FUMEGAS) — Já que estava mesmo em perdição, por seus repetidos envenenamentos, todos aliás executados com fina maestria, o catalão resolveu folgar um pouco. Ora, perdido por perdido, procurou aproveitar.

(RUBICONE) — Antes houvesse ele pensado que quanto mais pecasse mais profundo seria o círculo infernal onde iria parar.

(FUMEGAS) — Não creio que o Inferno seja um modelo de incorruptibilidade. Haverá certamente marmeladas, favoritismos. Quanto mais virtuoso o inquilino, mais irritação causará aos diabos, e mais no fundo o forrarão. E quanto mais poderoso e maldoso, tanto maior será o prestígio do hóspede de exceção... O Papa Alexandre terá sabido obter seus privilégios.

(RUBICONE) — Não foi este lamentável estado de mordomia e nepotismo o que Dante encontrou no Inferno. Muito pelo contrário, admirou-se da minuciosa disciplina na distribuição dos merecidos castigos.

(FUMEGAS) — Naturalmente, quando da visita de Dante e Virgílio, verdadeiros espiões do Poder de Cima, com laissez-passer e crachat, o Papa Alexandre ainda não tinha chegado. E os diabos, que não são bestas, precisavam disfarçar. Embarcando os dois compadres rumo ao Purgatório, voltou tudo ao que era dantes.

(RUBICONE) — Mas se não há expiação correta dos crimes, o Destino será bem mais aleatório do que se imaginava...

(FUMEGAS) — Meu caro Cardeal, das tetas das Parcas... nunca se sabe...

(RUBICONE) — Que têm as tetas das Parcas a ver com a expiação dos crimes e pecados?

(FUMEGAS) — As tetas das Parcas e as tretas do Destino são insondáveis aos mortais, e até aos próprios Deuses... Essa é a diferença do teatro pra vida, eis que nunca se sabe se é — ou se não é — o último ato. Quando começa uma peça ou quando acaba outra... O Hamlet some sem deixar recado, o Otelo esgana a Ofélia por engano, mas a peça vital continua. Enquanto a arca atraca no Ararat, vai-se tocando a mazurca, o pai do Noé no bombardino, e sabe-se lá, e sabe-se lá... o que a jararaca vai aprontar.

(RUBICONE) — O pai do Noé? Acho que deliras... e tua admiração pelo polêmico Papa catalão cada vez mais se exorbita. Tens uma argumentação abstrusa, traiçoeira e antediluviana.

(FUMEGAS) — De uma bula magistral, lançada com supina habilidade, o Papa Borgia dividiu o mundo ao meio e deu metade pra Portugal, permitindo o potencial surgimento do Brasil. Merecia uma estátua no topo do Pão de Açúcar.

(RUBICONE) — No Vaticano, somos mais moderados na apreciação desse dúbio Pontífice. Mas assaz estivemos tratanto de Alexandre VI. E o elefante de Leão X?

(FUMEGAS) — O Annone!... Magnífico presente de Lisboa. Aliás, poderíamos propiciar uma bela surpresa a nosso Papa Pasquale, tenho bons contatos com Doutor Gamboa, o famoso veterinário, que saberia nos descolar um belíssimo elefante.

(RUBICONE) — Um elefante branco?...

(FUMEGAS) — Naturalmente!, e do melhor pedigree, possivelmente um descendente do próprio Annone.

(RUBICONE) — Mas seria caríssimo!... e a Administração da Santa Sé anda desenvolvendo um programa de severa contenção orçamentária.

(FUMEGAS) — Conseguiríamos um elefante de aluguel.

(RUBICONE) — De aluguel?! Para Sua Santidade?... Não seria condigno.

(FUMEGAS) — Em sistema de leasing?

(RUBICONE) — De qualquer modo, meu caro Fumegas, grato por teu piedoso intento, bem me parece porém que o Papa Pasquale já possua singular mascote.

Realmente, não deixa de ser surpreendente, o Papa Pasquale tem, como mascote, um tamanduá, presente de famoso sociólogo pernambucano, cujo nome seria ocioso declinar. O tamanduá acabou com a praga de formigas que andava empestando os jardins do Vaticano.

Alabardeiro, o mais fiel dos suíços. Bom alabardeiro não berra assim à toa. Silêncio e vigilância. Mas quando berra, a espavorida procissão corre na disparada. Num treino de combat rapproché, o tamanduá furou a bola da Guarda. Pra substituir a bola, pensaram numa bula. Mas as bulas só o Papa sabe chutar — perdão —, lançar com graça e precisão. Estava a situação nesse pé e o time do Vaticano ameaçado de não poder comparecer, por falta de treino, à Copa do Mundo. Surgiu porém outro problema, mais complexo. O Presidente da Fufa, alegando que os alabardeiros são suíços, decidiu que eles não podem jogar pelo Vaticano. Só frades com passaporte da Santa Sé podem jogar, esclareceu o comitê jurídico da modelar organização internacional futebolística. O Cardeal Cometa, sumidade em Direito Leigo e Canônico, quer levar o caso à Corte Internacional de Justiça. Enquanto isso, para que os treinos não sejam interrompidos por falta de bola, o sociólogo pernambucano mandou vir um tatu.

Fidelidade e persistência. Lua embrumada, alabardeiro rouco. A procissão aproveita e volta à socapa. A freira Buranetta, muito velhinha, tem um transe e rola de olho revirado, abraçada ao tatu. Já se cogita que ela deverá atuar como guardiã no esquadrão, que enverga o belo uniforme criado por Michelangelo. Irmã Buranetta, como quíper, poderá naturalmente jogar com seu uniformezinho preto.
Estará o Imperador Polidoro por trás das cortinas envolto nas maquinações urdidas na Fufa para impedir que o Vaticano participe da próxima Copa do Mundo? A velha rivalidade...

Mas o Papa Pasquale sabe seus truques, pra enrolar o Imperador Polidoro de mansinho... Poder temporal forte, espiritual maneiro. A águia austríaca tem duas cabeças, o dodó da ilha Maurícia, uma só, mas de touca. Dizem que Sua Santidade se recusou a posar pra Francis Bacon: um filósofo não sabe pintar, vai soltar tinta pra todo lado. Preferiu assim Velázquez. O mestre espanhol deverá pois sacar o retrato do Papa Pasquale, sentado em seu trono, fazendo cafuné no tamanduá.

6. Flechas

O Castelo do coração está fechado pra balanço. E os cotovelos lanhados. O que o pincenê não vê o leque não sopra. E, enquanto lá dentro segue o distinto sarau, com Dona Sofia tirando angelicais acordes da harpa, a deusa Ishtar, das ameias, faz psiu para os passantes, bota o linguão tremelicante de fora, passa o pernão pela fresta, chuta no ar a sandália e solta a risada canalha, provocante. Como é diferente o amor na Babilônia...

Mas Cupido é a graça triunfal da primavera, e corre pelo terraço da torre. É mais sem-vergonha que fauno, pula mais brejo que perereca. Ou fura a porta, ou racha as flechas. É preciso achar o ponto fraco da porta, pra saber onde lascar a flechada. Senão nosso frustrado Cupido vai mesmo se ralar. A deusa Ishtar, montada no avestruz, sacudindo os negros cachos perfumados, ajeitando o audacioso decote, que mais mostra que esconde, sorri deixando a pontinha da língua de fora, suspira fundo, com ar sofrido, langorosa, vai chegando pertinho do pirralho, revira os olhos e diz, com voz sussurrada, bafo de cantárida, carinhosa:

(ISHTAR) — Ai!, menino, do que precisavas mesmo era da machadinha... flecha é pra caçar cambaxirra, pardal... Ai!, meu pequeno, quanta tristeza!, vem cá no meu colo e chora... Se quiser leitinho, também tem.

(CUPIDO, soluçando) — Pra desencadear paixões só minhas flechas. Esse teu avestruz tem belas plumas, quem sabe se eu usasse algumas...

(ISHTAR) — Tuas flechas voariam em ziguezague, e irias ferir a quem menos miraste...

(CUPIDO, malicioso) — E não seria assim talvez melhor?

(ISHTAR, sorrindo) — O Acaso não é tão imprevisível nem tão enganador quanto tu, meu pequeninho safado...

(CUPIDO, sorrindo) — Parece que bem me conheces...

(ISHTAR, maliciosa) — Ora se, meu pequerrucho!, ora se...

(CUPIDO) — De onde vens, titia?

(ISHTAR) — Da Mesopotâmia, filhote. Os Deuses do Olimpo ainda nem existiam, e eu já era uma Deusa, idolatrada pelos mortais. Pois o que seria da vida sem as loucas folias da noite? E sou eu que desencadeio a desgrenhada fúria da paixão.

(CUPIDO) — Mamãe também é mais antiga que os Deuses do Olimpo.

(ISHTAR) — Um poucochito, sim.

(CUPIDO) — E eu sou muito mais antigo que Mamãe.

(ISHTAR, rindo às gargalhadas) — Mais velho que tu, meu pequenino safado, só a Porta do Inferno...

Enquanto isso, lá dentro do Castelo acabou-se o sarau. Dona Sofia e os hóspedes partiram. O Conde sorri e toca viola de gamba com a Condessa. Com a Condessa! Cupido e Ishtar contemplam o casal por uma lucarna. Ishtar parece se divertir, mas Cupido faz beicinho amuado.

* * *

(CUPIDO) — Ai! que caretice! Não gosto de trabalhar em família.
(ISHTAR) — Mas que manha mais boba, pequeno!... Até o Marquês de Sade tem sogra, a família está por toda parte. Por que não pode gozar? Pois tu mesmo tens tua mamãe formosa... que sabe amar melhor que ninguém.
(CUPIDO, birrento) — Na família já está tudo combinado, assim não vale! Pra haver amor e paixão é preciso incerteza, segredo, surpresa, angústia, desespero!
(ISHTAR) — Não há nada mais desesperado que a família...
(CUPIDO, teimoso) — Não acredito! Não acredito!!
(ISHTAR) — Se fosses adulto, irias me compreender... ora se! O desespero da família! Que lindo! Quanto mais conservadora a família, mais furiosamente desesperada...
(CUPIDO) — És muito estranha, titia. Bem diferente de mamãe...
(ISHTAR, com um sorriso cruel) — ...É nesse desespero que eu mais gosto de atuar... Ah Ah Ah Ah!...
(CUPIDO) — Titia, tu és muito louca!...
(ISHTAR, gargalhando frenética) — Sim!, louca!... louca!!... louca!!!... Ah Ah Ah Ah AAAAAhhhhhh!!!...
(CUPIDO) — Quanto mais gargalhas, mais vai crescendo na tua bocarra uma escuridão pavorosa, um abismo sem fim...
(ISHTAR) — É o Sumidouro, filhote! É o Sumidouro... Ah Ah Ah Ahhhhhhhh...
(CUPIDO) — Tampa a bocarra, titia, ou te acerto uma flechada nesse infernal buraco.
(ISHTAR, tremelicando a língua pra fora) — Se me lançares uma flecha dentro da goela, ela some, bobinho, e tu também, se te debruçares no meu bocão vermelho, meu bocão carnudo, gostoso... Vem... vem...
(CUPIDO, pulando de banda) — Nessa eu não caio...

(ISHTAR) — Espertinho safado da titia...
(CUPIDO, desconversando) — Ai!, quantas flechas perdidas, quanta flechas rachadas, espalhadas pelo chão...
(ISHTAR) — Deixa eu te ajudar a catar...
(Os dois vão catando as flechas, Cupido ainda resmunga... Ishtar suspira fundo, agita a tenebrosa cabeleira de cachos perfumados e sorri, maternal.)
(ISHTAR) — Um pouquinho de trabalho e paciência, eia, sus!, e logo logo tuas flechinhas estarão consertadas, novinhas em folha... Babilônia não foi feita numa noite. Agora chega de chorinhos, meu pequerrucho... Monta aqui na garupa do meu avestruz e vamos passear, que a lua é propícia...

7. Pneus

Vittorio, o consagrado piloto da baratinha vermelha, é um perfeito janota. Só gosta de correr na Itália. E ganha quase todas as corridas. Um ídolo em Palermo, Napoli, Milano, Roma... Só não ganhou no circuito do Vaticano porque ele ainda não existe. Mas o empresário Beliscone está pressionando o Papa Pasquale pra cobrir essa lacuna:

(BELISCONE) — Com o circuito, Santidade, certamente o Vaticano ganharia milhares de torcedores fanáticos... e choveriam polpudos patrocinantes...
(PAPA) — Maqué, Beliscone!... Bisonha fidele...
(BELISCONE) — Eppure, fidele e tifosi é tutto la stessa cosa...
(PAPA) — A Teologia vede tutto questo per un'altra lunetta.
(BELISCONE) — Mas, Santo Padre, pense na Escolástica...
(PAPA) — Que tem a ver a Escolástica, figliolo, com as corridas de baratinha?
(BELISCONE) — Os pneus são de borracha, Santíssimo, de grande elasticidade.
(PAPA) — E a Escolástica? Que estarás acaso querendo, filhote, insinuar?
(BELISCONE) — Nestes esquerdosos tempos de exacerbados fre-

nesins... pois então... a Escolástica também precisa dum poucochito de elasticidade...
(PAPA) — Podemos, sim, chutar a bola pra escanteio, mas jamais entregar o jogo.
(BELISCONE) — Não adianta a Lazio Roma insistir, Santo Padre, o Atlético Milano será il campeone.
(PAPA) — Morituri te salutant, Napaleone...
(BELISCONE) — Be-lis-cone, Santidade.
(PAPA) — Bola na trave... E o Vittorio? Pode ganhar do Schumacchi?
(BELISCONE) — Chi lo sa...
(PAPA) — Va bene... Dominus Vobiscum.

Pra não ficar atrás da *Gazetta Rossa*, a nossa *Gazetta Preta* despachou o Professor Fumegas a Roma, pra uma entrevista exclusiva com o Vittorio:

(FUMEGAS) — Sabemos que, além de inspirado piloto, és eruditíssimo leitor e matreiro futebolista. Dize-nos então qual teu jogador preferido: Ronaldo... ou Ronaldinho?...
(VITTORIO) — Totti... e Del Piero.
(FUMEGAS) — Tratemos de tua vertiginosa especialidade. Que achas de Manuel de Teffé?
(VITTORIO) — Pintacuda falou-me desse rapaz... com certa simpatia. E descreveu-me as ardilosas curvas do circuito da Gávea, e aquele maldito canal que bordeja a reta final.
(FUMEGAS) — Pintacuda gosta pois do Rio de Janeiro?
(VITTORIO) — Sim. Mas prefere as trattorias de São Paulo.
(FUMEGAS) — E Petrópolis? Benedito Lopes...

(VITTORIO) — Muita neblina. Ninguém via nada... Benedito aproveitou. Eppure... a Quitandinha tem os seus encantos. (FUMEGAS) — Passemos então das pistas às belas-letras. Quais teus autores favoritos? Camões?... Machado de Assis?... (VITTORIO) — William Blake e Rudyard Kipling. (FUMEGAS) — E Rabindranath Tagore? Aquele misterioso charme oriental... (VITTORIO) — A fumaça de teu fumegante cachimbo está me queimando fulgurantemente os olhos. Sopra teu vesúvio pra lá... Baddhu caiu do lombo do elefante e os pássaros voaram pra outra freguesia. Pois bem: Tagore tem os seus momentos, mas o primeiro milho é pros pintos. Depois vem Dante... Petrarca...

8. Cumbucas

Conforme vêm amplamente noticiando os jornais, Maestro Pastelone resolveu processar o Bufão Malastrettas em razão da falta de compostura do libertino, que vem assustando o distinto público do Circo Spartaco, de que o ilustre organista é diretor. Segundo Pastelone, em face dos gracejos obscenos do infame marmarracho, as famílias tradicionais vão abandonando a gloriosa lona do modelar estabelecimento circense e embicando no caminho de seu arqui-rival Theatro Morfeo.

Como o caso não está previsto no Códice Napoleônico, nem tem jurisprudência firmada, o advogado de Pastelone, que é o articuladíssimo Mestre Cícero, está movendo ação de despejo contra o palhaço, que não quer sair da carroça. Mestre Cícero quer ver se consegue providenciar uma emenda no códice que permita uma fumigação de carroça pra despejo pela janela. Nesse sentido, vem mantendo nutridas conversações telefônicas com Paris. Mas Napoleão está com Josefina de férias na Córsega, e não voltará tão cedo.

A pendenga, pelas suas conotações morais e metafísicas, vem dolorosamente compungindo as autoridades militares e eclesiásticas. O Abade Cordeiro, inspirado mestre de oratória sacra, descolou patético sermão, "Circo e Pastelone", em que lembrou o sacrifício dos mártires cristãos no Coliseu Romano. A seguir, numa espetacular guinada metafórica, equiparou Pastelone a Jonas, e o Circo à Baleia. O público que se afastava, transformou em cardumes de sardinhas, que se escapavam da boca entreaberta do cetáceo. Tão forte a retórica do Abade Cordeiro que a colossal Baleia se materializou na nave da igreja para o arrebatado maravilhamento de fiéis e beatas. Procurando aproximar-se da pia batismal, o cetáceo rolou por baixo e arrancou o púlpito do Abade Cordeiro, que lhe ficou grudado ao dorso. E ato contínuo, com terrível estrondo, mergulhou na pia batismal, só deixando um esguicho de fora. Aleluia!! Aleluia!!

Assim, pois, um reles bufão, acobertado pelas lacunas da lei, vem repetir os ultrajes do Coliseu, fustigando as famílias cristãs, não com dentadas de leões e crocodilos, como nos nefandos tempos de Nero e Messalina, mas sim, o que teologicamente talvez seja pior, com bocagens sacrílegas... Esperemos que o sacrifício supremo do Abade Cordeiro não haja sido em vão. As beatas rezam e choram, desconsoladamente, já fizeram várias procissões, com a imagem de Santa Espinácia, santa magrela mas forte, protetora dos náufragos e outros desaparecidos. Resta saber se no caso do Abade Cordeiro se trataria de um naufrágio. Afinal, baleia não naufraga. O Padre Anescar sugeriu que se optasse por São Cristóvão. Professor Fumegas, sempre polêmico, discordou:

(FUMEGAS) — Mas, Padre Anescar, baleia é caso para o Jonas. Tanto mais que piedosamente a ele o nosso Abade se referia, durante o dramático imbróglio. E a baleia... quem sabe se não seria a mesma?...

(ANESCAR) — Bem pensado, Professor, mas Jonas não é santo.
(FUMEGAS) — Jonas não é santo? Mas e a baleia?
(ANESCAR) — Tampouco. Vossa História Santa anda furada, Professor. Dizer-vos devo que Jonas é profeta. E profeta não é santo.
(FUMEGAS) — Mas profeta não pode aprontar um milagrezinho ligeiro na sua especialidade?, assim, por especial gentileza?...
(ANESCAR) — Não conviria. Quem faz milagre é santo.
(FUMEGAS) — Mas São Cristóvão é santo de rio. Se o Abade Cordeiro houvesse sido engolido por um pirarucu, procedia invocardes São Cristóvão. Mas o Abade foi arrebatado por uma baleia, mamífero marinho.
(ANESCAR, pensativo) — Antes baleia do que boto, sabe-se lá... Tendes razão. Pois que prossigam as beatas com suas procissões de Santa Espinácia.
(FUMEGAS) — Santa Espinácia?
(ANESCAR) — Por hoje, já foi o suficiente. Tenho de ir preparar um sermão.

As procissões se sucedem, mas o Abade Cordeiro segue tragicamente desaparecido no lombo da baleia. Enquanto isso, como se nada fosse, a Justiça, com entediado bocejo, penteia os cachos, passa a ferro de engomar sua vendinha preta de veludo, e a tanguinha furta-cor: Juju é mais coquete do que pensais... Vai ajeitando o fiel da balança, que parece meio tortinho. Dá uma encerada nas enferrujadas cumbucas, assovia a traviata e telefona ao Ministério, pra que venham afiar a espadinha a semana que vem.

Continuando assim o caso pendente, e o Bufão entrincheirado na carroça, Mestre Cícero ameaça subir no beiral da portada do Capitólio e arengar aos mochos. E às gralhas, aos pardais... Com várias orações no mais que imperfeito do subjuntivo e outras no futuro condicional do pretérito dubitativo. As professoras de gramática adoram os discursos de Mestre Cícero. Um indomável paladino na estóica defesa das instituições. Assim, pois, o Bufão que ponha os guizos de molho.

9. Lanterna

O Ermitão Burtino, à beira do barranco, segue catando seus gafanhotos. Ao velho acompanha, sempre grunhindo, Gambetta, o porco perneta, compartindo o destino do místico mestre na malfedida gruta e silvestres arredores. Gambetta é especialista em descobrir trufas e outros cogumelos subterrâneos, pra suavizar a dieta espartana do ancião. Súbito, levanta-se uma poeirada na estrada.

A carruagem do Pascal foi se desviar do porco, e quase despencou no abismo. Por pouco, pouco. A carruagem do Marquês de Sade passou logo depois, perseguida pelos raios da Justiça Imanente. Mas conseguiu escapar. A roda tirou um fininho da beira do sumidouro, e os pangarés passaram por cima do velho Burtino, que solta os maiores palavrões ao postilhão e ao Marquês: "Juventude de merda!! Sade de bosta!!". Todo cuidado é pouco com as pragas do Ermitão. Sade, pálido, suando frio, puxa do punho de renda seu lenço de seda com cheirinhos especiais de Madame Du Barry.

Mas se o divino Marquês escapou da Justiça Imanente... estrepou-se com a Justiça da Sogra: a implacável Dona Mathilde mandou-o a pão e água pra prisão. Em matéria de sadismo, a sogra deixa o Sade no chinelo. Despótica, ela manda instruir os carcereiros para que adotem alerta máximo: soltar umas ratazanas na cela do desditado e, sobretudo, não deixá-lo dispor de pena, tinta ou papel.

(SOGRA) — Que examinem bem, e sistematicamente, Senhor Delegado, a cela do Senhor Marquês. Ele é espertíssimo pra esconder seus escritos. Faz rolinhos e os enfia nas frestas da parede.
(DELEGADO) — O carcereiro-mor é severíssimo e colocou o Marquês no seu lugar. Disse-lhe: Aqui, moleque empoado, vais ter de andar na linha ou vais entrar na lambada.
(SOGRA) — Como se chama esse carcereiro?
(DELEGADO) — É o Poirier.
(SOGRA) — Mande prender o senhor Poirier, que leve trinta e três chibatadas e se quede aferrolhado por seis meses a pão e água.
(DELEGADO, perplexo) — Mas, minha senhora!...
(SOGRA) — A pão e água por seis meses. E se reclamar, que leve setenta e sete lambadas suplementares. Só poderá ser libertado quando estiver mansinho, e mais respeitoso.
(DELEGADO, pálido de espanto) — Sim, minha senhora, todavia...
(SOGRA) — Não tem todavia nem porém. Assunto decidido. Meu genro é desatinado, mas é Marquês, e tem de receber trato condigno.
(DELEGADO, pálido) — Sim, minha senhora.
(SOGRA) — No mais, conforme sugeri, convém soltar umas ratazanas na cela do Senhor Marquês. E, sobretudo, não deixá-lo dispor de pena, tinta e papel, que são venenos pra ele. Um pequeno descuido vosso, e logo ele recomeça a es-

crever suas loucuras. Conviria acorrentá-lo um pouco. Mas tudo com o devido respeito.

(DELEGADO) — Sim, minha senhora.

Ordens cumpridas. Agora, como é que, mais acorrentado que Prometeu, ele deu jeito de escrever na própria ceroula aquelas novelas cabeludas? Melhor talvez fosse não por demais averiguar. Passemos adiante.

A noite agora fulge mais azul. Após a tempestade chega a bonança. Acabaram-se as estripulias do depravado Marquês. O bom Ermitão, enfim, suspirando, alumia sua lanterna. Cintilam na abóbada celeste miríades de estrelinhas. Lá se vão, recortadas no fundo cósmico, de nuvens rosadas, as amáveis silhuetas de Burtino e seu porquinho perneta. Algumas leitoras fazem beicinho, bocejam, e os leitores entediados se coçam. Que não venha agora o Zuca com sentimentalismo de romancinho d'água-de-cheiro de Madame Laly! Queremos mortes, caveiras, sangue!...

O espetáculo não pode parar!, brada o Mago Lotrak. Mas Dona Tonica puxa-o pela aba da casaca pra trás da cortina, e lhe sussurra: "Lotrak, o ratão te roeu o borda da borjaca. Vamos fazer uns remendos na fatiota e mudar o forro da cartola".

10. Cornucópia

Do Novo Mundo, recentemente descoberto por Colombo, veio um pássaro raríssimo para o aviário do Comendador Giorgio, um Peru. Não terá, lá isso é verdade, de plumagem o mesmo resplandor do Pavão. Mas ganha do pássaro de Juno, mercê de seu papo avermelhado, e na pose, augusta, digna dum antigo tribuno de Roma.

Todavia, a maior beleza do Palácio de mármore projetado por Bramante é uma verdadeira Primavera, mas não daquelas magrelas do Boticcelli, e sim uma mocetona sacudida, de faces acerejadas, toda neve e rosas, e bem servida de formas generosas, ragaça rechonchuda, a esposa do Comendador, essa maravilhosa Fofona: à beleza juvenil assoma a graça angelical, um não-sei-quê de etéreo, uma beiradinha opulenta do Céu que se espraia na Terra.

O Comendador Giorgio, para pintar o retrato de Fofona, contratou o celebrado Lionardo, um mestre consumado, com óleos nas pinacotecas mais conceituadas da Itália, entre tais a dos Medici, a do Duque de Ferrara, a do Vaticano.

* * *

Lionardo, nas sessões de pose, apaixonou-se perdidamente pelo divinal modelo. Uma paixão sublime de um amor impossível, neoplatônico. E pintou uma gruta misteriosa, e nessa gruta, Fofona, sentadinha meio de banda, um pouco debruçada, com olharzinho de esguelha, e muxoxado sorriso... Se Freud não disser nada, Lacan explica. O Comendador, prudente, examina desconfiadamente o quadro.

(COMENDADOR) — Com mil caracóis, meu caro Lionardo, acaso colocaste Fofona na Lua? Fizeste uma embrumadíssima gruta... Só lhe faltam morcegos...

(LIONARDO) — Tendes razão, Comendador, o cenário é realmente embrumado. É a mística fusão da atmosfera aquática do nascimento da Beleza com a atmosfera lunática do nascimento da Graça...

(COMENDADOR, sobrolho franzido) — Que devo inferir?

(LIONARDO) — O prodígio da Citeréia, surgindo nas águas cristalinas, entrelaçado ao prodígio do Menino, no singelo presépio ao luar...

(COMENDADOR) — Nem tão mocinho és pra passares por menino prodígio em presépio... Tuas barbas já vão mais longas que o regular, e por sinal bem sedosas... Que utilizas, se mal pergunto, em matéria de xampu?

(LIONARDO, passando-lhe um papel) — Eis a fórmula secreta, Comendador...

(COMENDADOR, carrancudo, tentando ler) — Pelas tetas da loba de Dante! Desses garranchos não se pesca una sola porca parola!...

(LIONARDO) — Cozendo no Athanor as mescladas virtudes de umas ervas que me passou Dona Eusébia, cheguei ao milagroso xampu... Mas tendes de ler a fórmula secreta ao espelho. Escrevo de trás pra frente. Se desejardes, vos preparo uma bela poção, a um precinho especial.

(COMENDADOR) — Tens lá tuas manias... Fazes máquinas voadoras, atrelas nela o velho Pandolfo e o arremessas pela janela...

(LIONARDO) — Um fiel servidor...

(COMENDADOR) — ...que se despencou das alturas e s'espatifou.

(LIONARDO) — A Ciência tem seus mártires...

(COMENDADOR) — ...e a Arte seus loucos... E a Paciência seus mecenas. Estás satisfeito com o retrato que fizeste de Fofona?

(LIONARDO) — O artista satisfeito com sua obra chegou ao final de sua trajetória. Um mestre consumado nunca se satisfaz.

(COMENDADOR) — Se não estás satisfeito com teu trabalho, o quadro aliás saiu mesmo muito embrumado, poderias então me fazer um abatimento no preço salgadíssimo que me cobraste...

(LIONARDO) — Porém o retrato de Fofona é minha obra-prima. Creio que nunca mais pintarei. Agora, só me resta morrer.

Lionardo não morreu, todavia. Mas vai soltando uns suspiros, ora aqui, ora acolá, cada vez mais tristes. Guarda no bolso um esboço que fez pra preparo do retrato de Fofona, que é, diga-se à socapa, um tanto mais ousado que o trabalho final. Certamente não mostrou esse assanhado graffito ao Comendador... Sofre, o enamorado mestre. Lê a *Divina comédia* e deixa rolar lágrimas polpudas pelas longas barbas.

* * *

Ora, estávamos nessa quando o Peru resolveu s'enrabichar pela Galinha-d'Angola. Em noite de lua cheia, subiu intrépido no tortíssimo poleiro onde se refugiara a arisca pintadinha. Uma temeridade, dado o seu peso e pouca prática nos exercícios acrobáticos. Despencou-se das alturas, espatifou-se, morreu.

A dor do Comendador Giorgio foi inenarrável. Resolveu dar ao americano plumáceo pompas fúnebres dignas de um verdadeiro herói de odisséia. Contratou o retórico Beócio para lhe esboçar a minuta. Ele próprio, Giorgio, trajando uma clâmide grega e desenrolando lentamente o pergaminho da oração caligrafada por frade copista, a leria diante da pira funerária.

E, cruel ironia, quem deverá pintar a cerimônia? Ora, ora, o Lionardo, o que bem adivinharam minhas sagazes leitoras.

O cortejo, ao som do órgão de fole instalado na carrocinha, começa a solenemente se deslocar entre as aléias de álamos. À frente do cortejo, Comendador Giorgio, de uma palidez de círio, e Fofona de véu preto, vestido preto e decote em babadinho de renda, em magnífico contraste ressaltando a alvura de neve do colo opulento... provocante... celestial. Logo a seguir, montados em burricos, Beócio e Lionardo. Quem mais desesperadamente chora? Giorgio, Beócio ou... Lionardo? Ora, mais uma vez minhas leitorinhas, espertíssimas, já adivinharam, e espremem em adorável plissê seus biquinhos de lacre.

Mas eis que surge no caminho das aléias, loucamente pedalando uma rodinha doirada, a figurita buliçosa, zunindo, zunindo em ziguezague, de Clotilde, caprichosa mocinha, que vai tirando violetas de sua cornucópia e as esparzindo pra lá e pra cá, com dúbio sorriso, talvez triste, talvez mordaz. Clotilde zune e zumbe, zumbe e zune, e estaca súbito diante de Giorgio, a quem entrega mensagem do Papa Pasquale.

O Comendador racha o lacre vermelho, rasga com estrépito o barbantinho. Ai!... Lionardo solta um cavo suspiro. Clotilde dá-lhe uns discretos puxões nas barbas, pra que ele se acalme. O Comendador vai lentamente desenrolando, desenrolando, desenrolando o pergaminho papal, lentamente, a tarde vai caindo... o dia vai morrendo. O Comendador começa a ler a mensagem de Pasquale:

"Efêmera... Giorgio... efêmera a Vida, e caprichosa a Fortuna. O Tempo, com sua foice, ceifa distraído as sucessivas safras de mortais. O vento, assoviando uma sonatina, leva as folhas de loureiro que ornavam a lúgubre caveira. Não agraveis vossa dor exacerbando tão esdrúxula cerimônia. Comei a carpa do dia e soprai ao léu as espinhas. Bem mais presto foi Vesúvio com Pompéia".

Em silêncio os acompanhantes retomam a marcha, contritos, rumo ao outeirozinho do jardim. O burrico de Lionardo empaca. O órgão de fole, na carrocinha, mal consegue balbuciar algumas notas. Meio sincopado, levemente fanhoso.

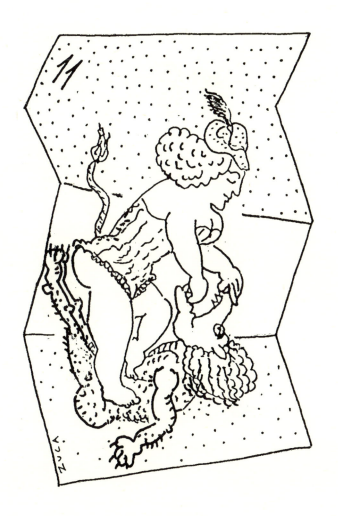

11. Circo

O Leão Pandomir tem atlética estampa. Já foi um terror no Coliseu Romano. Diz-se, à boca pequena, que então houvera devorado vários mártires cristãos. Depois, acompanhando a evolução dos tempos, foi se tornando mais piedoso. E hoje, muito velho, faz biscates pela freguesia, posa pra fotos de rótulos de elixir e solta belíssimos rugidos, bem aproveitados nas encenações do *Quo vadis*, no Circo Spartaco do Pastelone. Tiveram infelizmente de encurtar a temporada, porque a roda da biga se soltou, e o Ben Hur foi projetado, qual verdadeiro bólido, pra igreja vizinha, durante cerimônia de casamento, entrou por um vitral e esmagou o nubente. Padre Anescar acabara de dar a bênção, a noiva, pobrezita, ficou viúva antes se de casar, ela e o falecido já haviam dito o sim. A mãe da moça protestou aos berros: "Não valeu!! Não valeu!!". Segundo ela, sua filha dissera apenas "ssss..." antes que de seu noivo se houvesse tão brutalmente ceifado o fio da vida.

As dificuldades do caso, por falta de jurisprudência escolástica, fizeram Padre Anescar consultar o Bispo Botica, e este ao Vaticano, que passou o processo de bandeja ao Cardeal Cometa, consagrado e velocíssimo mestre de Direito Canônico. O Cardeal em três minutos resolveu o caso: Justiça de Salomão, bradou Cometa, dividindo o casamento ao meio: o finado permanece casado, a noiva continua solteira. Chorou desesperadamente, a mocinha. Agora muito pálida, olheiras empapuçadas, para se distrair vem visitando constantemente o Ben Hur, que segue hospitalizado.

O Leão sempre gosta de contar suas vantagens. Num combate memorável, arrancou um braço do Maciste. E o melhor que você faz é fingir que acredita.
Ei-lo num bate-papo com Professor Fumegas diante da porta do botequim:

(PANDOMIR) — Depois de nossa luta, Maciste teve de fazer uma prótese no Doutor Gamboa. Quando eu era moço, nem o Primo Carnera queria lutar comigo.
(FUMEGAS) — Mas Doutor Gamboa é veterinário, meu caro Pandomir.
(PANDOMIR, olhos chispando) — Achas acaso que veterinário é menos que médico? Muito estranho esse teu preconceito...
(FUMEGAS) — Mas eu não disse isso, meu bom amigo... Até prefiro, pra mim mesmo, um bom veterinário. Bem mais econômico, e eficaz. Pastilhas cavalares, melhores pra um coração veterano: ou vai, ou racha. Mas dize-me lá, Pandomir, em tua vida aventurosa, acaso conheceste o Jim Corbett?
(PANDOMIR) — Jungle Jim? Sim, conheci-o no Kenya. Somos amigões.
(FUMEGAS) — Ele não quis te caçar?

(PANDOMIR) — O Jim só caçou mesmo na Índia... e apenas leopardos e tigres comedores de gente.

(FUMEGAS) — O leopardo de Rudraprayag que comeu cento e vinte e sete pessoas...

(PANDOMIR) — E o tigre Solteirão de Powalgarh, um colossal portento...

(FUMEGAS) — E a tigresa de Champawat que devorou quatrocentas e trinta e seis pessoas... E Jim Corbett, sozinho, com seu velho rifle de rolha, conseguiu matar os terríveis monstros...

(PANDOMIR) — Talvez esses felinos estivessem trabalhando pra contenção demográfica. A Índia, afinal, anda entupida de gente.

(FUMEGAS) — Estás querendo proteger teus parentes... E conheceste também o Ernest Hemingway?

(PANDOMIR) — Outro amigão. Sempre me convidava pra boxear. Ensinei-lhe alguns truques de veterano dos ringues. Mas acabamos nos incompatibilizando.

(FUMEGAS) — Que se passou?

(PANDOMIR) — Bobaginha de nada... Uma vez que chegou tarde da caçada, Ernest descobriu que eu havia mamado todo o seu estoque de gim. Ficou furioso.

(FUMEGAS) — Oh-Oh-Oh!! Mas convenhamos que alguma razão ele tinha... Certamente por isso se foi pra Cuba.

(PANDOMIR) — E passou a só tomar rhum. Era meio brigão, mas bom sujeito. Tinha um barrigão maior que o teu. Mas era forte. Não era baixote e molenga...

(FUMEGAS) — Nem tão baixote assim eu sou, e tenho porte digno, para minha idade. E pratico esporte: bilhar, xadrez... E nas peladas do pátio sei dar uns bons chutes na bola de borracha...

(PANDOMIR, rindo) — ...e ostentas uma boa barriguinha fofa de professor...

(FUMEGAS) — Não falemos de barrigas... Tu tampouco, Pandomir, já não exibes uma esbelteza de atleta juvenil. Tua camisa já se estufa na área do umbigo...

(PANDOMIR, irritado) — São músculos, Fumegas!... Músculos de aço!

(FUMEGAS, conciliador) — Tudo bem, Pandomir, estás numa forma de Apolo do Belvedere. Mas vamos a umas cervejinhas, despesas por minha conta...

(PANDOMIR, sorridente) — Bravo!! Excelente idéia, Fumegas!

Agora pois, pra ganhar uns cobres, Pandomir trabalha de vigia, de reiban e camiseta listrada, numa chácara de disco techno. E nas matinês luta com Bellona, no Circo Spartaco. A torcida é enorme, a lona fica estufada de um público entusiasta e violento, o que seria pouco habitual, talvez, para matinês. Mas, ora, ora, a Prática, bem espevitada, faz pouco caso das caretices de Dona Teoria.

Bellona, bela e fortíssima, sempre ganha o combate, naturalmente. O circo quase vem abaixo com os aplausos da moçada: "Mata de novo!! Mata de novo!!". Os tifosi de Bellona se agitam, numerosos, agressivos, vociferantes... E as fiéis de Pandomir, umas poucas beatas, umas nostálgicas coroas, suspiram: "Ai!, que ele sabe... Ai!, que ele sabe morrer...".

Bellona agradece aos torcedores com adeusinhos, sorrindo modestinha, adejando distraída o portentoso bundão. Pandomir segue estirado, mais morto que bacalhau de armazém.

* * *

Como apotegmou o Professor Fumegas na *Gazetta Preta*: "Agora, nem a exacerbada trombeta do Anjo do Apocalipse despertaria o Pandomir... Manga Podre, Vida Nova!... Doravante, o Mundo pertence à Juventude". (Ao que parece, o bom velhote, ora, ora, ele também!, é tifosão de Bellona...)

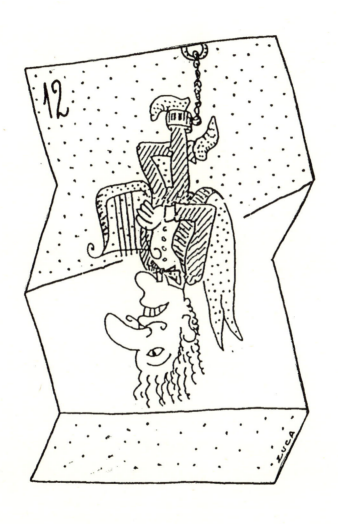

12. Morcego

Pendurado pelo pé, Nectério vive trajado a rigor, carregado de relíquias e medalhas. No bolsinho de cima (no caso, de baixo), em vez de lenço ostenta um morcego, que de quando em quando s'escapa. Com tanta elegância, Nectério se apresenta, naturalmente, balançando no jardim do Palácio. Embora não faça nada, ganha uma nota graúda. Conseguiu uma sinecura do Imperador: é o harpista oficial do Palácio, embora o que toque seja lira, como já sussurrou, para alguns íntimos, Clotilde, que volta e meia passa pelo jardim do Palácio zunindo na sua rodinha encantada. E rodopia várias vezes bem rentinho, rentinho... à jaqueira do Nectério. E quando a mocinha rodopia, o Pendurado suspira. Nectério se rala por Clotilde. Quando ela zune, ele balança mais forte. Uma paixão em suspenso.

Ora, reconhece Nectério, de voz cava, ele não é harpista. Quem tem harpa é Dona Sofia, mas o repertório dela é chatíssimo, uns agoniados xaropes mexicanos pra Conchita Morales entre soluços cantar. O Imperador não agüenta Dona Sofia nem por telégrafo sem fio. Embora Conchita, cá pra nós, não seja de se jogar fora... Apenas, para cortejá-la, é preciso gravata, terno, e capricho no dramalhão: dós-de-peito, suspiros, furtivas lágrimas, promessas...

A César o que é de César. De pensar morreu um trouxa pendurado. E outro de fome, entre duas jaqueiras, sem saber qual escolher. Quando Nectério dedilha a lira, vai soltando uns versinhos canalhas. Algumas beatas, indignadas, lhe estão movendo ação de despejo. Dona Tareja, deputada conservadora, já comprou uma serra elétrica. E os Verdes, não dizem nada? Greenpeace não se mexe?

Aliás, a pendenga se acirra entre Dona Tareja e os Zecas-Sem-Terra. Os Zecas querem ocupar a jaqueira do Nectério, e Dona Tareja quer serrar a mesmíssima jaqueira, se possível com Nectério em anexo: "Este desbocado safado, passo-lhe a serra nos sovacos!". Os Zecas sempre da esquerda, e a esquerda, sempre da molecagem, defendem, logicamente, o Nectério. Diante do perigoso impasse que pode degenerar de um momento pra outro, a *Gazetta Preta* despachou o Professor Fumegas pra se entrevistar com Nectério. Chegando à jaqueira, Fumegas percebe que Dona Tareja, armada de sua serra elétrica, se encontra em preocupante proximidade do Pendurado. E Miguel, articuladíssimo Zeca-Sem-Terra, perfila-se ao lado de Nectério, disposto a protegê-lo de eventual invectiva da impulsiva deputada.

(FUMEGAS) — Dona Tareja, as dimensões diacrônica e sincrônica da realidade vegetal abrem por acaso a questão da utilidade, e até necessidade, de sua serra elétrica. O Brasil precisa de suas árvores, para nossos pássaros maviosamente cantarem, e para saborearmos nossas jacas, mangas, jabuticabas...

(D. TAREJA) — Vejo limitações nessa ética de sobrevivência da jaqueira a todo custo, e que acaba servindo de princípio organizatório do deboche verbal do Pendurado. Antes que a da jaqueira, me preocupa a sobrevivência do decoro da família brasileira, ameaçada por esse deletério Nectério.

(MIGUEL) — Pendurado está o Brasil, por sua dívida externa.

(D. TAREJA) — Mais uma razão para deixarmos de lado esses preciosismos ecológicos de suposta proteção arbórea, atitude infanto-juvenil de uma ideologia cor de abóbora que nos quer alienar uma preciosa fonte de divisas. Afinal, o Brasil começou justamente a sua História com a exportação do pau-brasil, tão prezado pela cor púrpura com que propiciava tingir os mantos del Rey e aumentar o erário público lusitano, estimulando-lhe assim o interesse em desenvolver sua bela e produtiva colônia tropical.

(MIGUEL) — Aí começa o colonialismo capitalista português a explorar o Brasil. E as capitanias hereditárias foram a origem do grande latifúndio escravocrata. E a senhora, Dona Tareja, apóia esta ocupação prepotente de nossas terras que até hoje se perpetua.

(D. TAREJA) — Não haveria Brasil sem a exploração do pau-brasil.

(NECTÉRIO) — Pau-verde é de múmia, pau-vermelho de macaco.

(D. TAREJA, ligando a serra elétrica) — Cala-te, nefando boquirroto, desbocado fedido! Parasita pendurado na sua jaqueira-de-emprego! Lafranhudo!

(NECTÉRIO) — A senhora é que é uma bostífera reacionária.

(D. TAREJA, avançando) — Já te mostro, nefasto pornô!

(Miguel e Fumegas heroicamente se atracam com Dona Tareja e, malgrado a estóica resistência da deputada, arrancam-lhe a serra elétrica.)

(FUMEGAS, resfolegando) — A paciência, Dona Tareja, é amarga, mas seus frutos são doces.

(D. TAREJA) — Paciência pra quem, Professor Fumegas, para o senhor ou para mim? Talvez mais para mim. O senhor é um intrujão que nada tinha a ver com esta história. Vive se metendo onde não é chamado. Reles penetra, vil papa-banquetes.

(FUMEGAS) — É o dever de ingerência na defesa dos direitos humanos e das reservas de recursos vegetais e minerais, nossos bosques, nossas flores. A senhora poderia utilizar suas titânicas energias em causas mais justas.

(D. TAREJA) — Quais sejam?

(FUMEGAS) — A defesa resoluta de um feminismo ecológico, sadio e moderado. E quando digo moderado, pressuponho que seja despojado de serra elétrica...

(D. TAREJA, se afastando com dignidade) — Seu basbaque...

Passado o perigo iminente, Nectério dedilha a lira, experimentando retomar suas debochadas quadrinhas. O Castigo vem a cavalo, a Recompensa de burro. O Pendurado de hoje é o Calote de amanhã. Pendurado prudente ouve muito e fala pouco. Pendurado com bengalinha se coça. A alegria do Pendurado é se balançar de mansinho. Jararaca come o sapo, perereca leva a fama. Até aqui tudo bem. E a jaqueira sacode ao vento seus folheados balangandãs...

À tardinha, Nectério toca a lira, tão divinamente que todos os pássaros se calam. Todos, menos o urutau, que segue resmungando: qúimporta?... ora ora... diga-me lá... qúimporta?...

13. Ossos

O Esqueleto, sempre romântico, gosta de divagar ao luar. Desencadeia-se de repente a tempestade. Noite de Walpurgis. A ventania geme desgrenhada. Esvoaçam o Conde Drácula, as Walkyrias, gralhas, urutaus, corujas. O Esqueleto resolve participar. Quando ele chega ao topo do monte, a folia das bruxas atingiu o frenesim. A deusa Ishtar, montada no avestruz, puxa o cordão. Madame Belzebu de sombrinha leva o porquinho na coleira. Evoééé... Baco!! Faunos cabriolam. E muitos anões, bruxas, hereges, ogres, corcundas, colombinas...

"Como você está magricelo, rapaz", gargalha a Megera, forrando a ponta da vassoura entre as empoeiradas costelas do Esqueleto.
"E pálido também", chasqueia o Sapo, com voz de falsete, e bota dois palmos de língua pra fora.

O Esqueleto, ressentido, vai se retirando em silêncio. Ishtar percebe o lance, corre pressurosa, sacudindo a cabeleira, e toma o Esqueleto pelo braço.

(ISHTAR) — Não te vás tão presto, meu Branquinho...
(ESQUELETO) — A Megera e o Sapo estão zombando de mim.
(ISHTAR) — Que nada, Branquinho. Nós todas e todos te adoramos. O que seria do louco gozo da vida sem a sombra pendente da morte?
(ESQUELETO) — Todos me detestam.
(ISHTAR) — Nós todos precisamos de ti, Anacleto. Sem a sombra da morte não há gozo, e sem gozo de que adianta viver? Por favor, fica mais um pouquinho...
(ESQUELETO) — Não estou vendo nenhuma Mumiazinha de meu agrado...
(ISHTAR) — Ai, ai, ai!, porque és assim tão vidrado nas múmias? Elas não têm carninha nenhuma...
(ESQUELETO) — Mas têm louca, fatal paixão... porque sabem justamente que estão mortas, e a navegação rumo ao Paraíso é sem fim.
(ISHTAR) — E la nave va...
(ESQUELETO) — O desespero espicaça a paixão. Com minha múmia Nanaffe no esquife, Nilo abaixo, nosso amor era de lágrimas, gemidos, imprecações e... estalos d'ossos.
(ISHTAR) — E onde estaria ela hoje? Nalgum Museu?...
(ESQUELETO) — Numa farmácia.
(ISHTAR) — Farmácia?...
(ESQUELETO) — As farmácias alemãs de prestígio gostam de ter uma múmia à sua entrada.
(ISHTAR) — E Nanaffe? Poderíamos seqüestrá-la da farmácia...
(ESQUELETO) — A farmácia de Nanaffe foi à falência.
(ISHTAR) — E Nanaffe? Por onde andará?...
(ESQUELETO, com cavo suspiro) — Sumiu. Enfim, até um esqueleto, mesmo sem coração, pode ter sua paixão. E a minha é irremissível. Mas agora, vou me retirando. Até mais ver, Dona Ishtar.

* * *

E, deixando Ishtar soltar abafado suspiro, Anacleto, inflexível, retoma o caminho de casa. Ele mora numa forca. Trepa pelo poste e se pendura de pescoço na corda. A corda aperta, ele descola discretamente um arroto. Espana das costelas minhocas, teias de aranha, e começa a se embalangar, a ver se tira uma soneca.

A Lua, carrancuda, tétrica, se enrola numa nuvem amassada e malfedida. E solta uns morcegos. O vento sopra feroz, corre pela mata e sacode com redobradas ganas o Esqueleto pendurado, que range e esperneia.

Assustada com a barulheira, a Mandrágora destampa a caratonha remelenta do buraco da árvore, vê o Anacleto, que ao vento estaleja e rodopia. Risonha, fanhosa, ela exclama:

"Ai! que lindo!...Vais dançar hoje, papai?".

14. Botijões

Dona Tonica é uma gorducha atilada, e além dos botijões de água e vinho, tem preciosa coleção de garrafas na cristaleira: vermouth, cachaça, rhum, bagaceira, vodka, gim, genebra, grappa, cerveja y otras cositas más; e tem, também, uma Jararaca Verde gigantesca, terrível, debaixo da cristaleira. Os hóspedes da pensão familiar na hora da ceia, naturalmente, ficam meio assustados. Mas a Jaracaca Verde, que tem mais de quatro metros, é ensinada. E se enrola toda pelo Fakir Nandu, um hindu de turbante, o mais distinto dos pensionistas de Dona Tonica. Quando Nandu toca sua flautinha fanhosa, a Jararaca Verde dança lascivamente, rebola qual odalisca, tremelicando a língua bipartida, em êxtase divino.

Outro ilustre hóspede da pensão, o Doutor Malaquias, dantes festejado orientalista, mas hoje um simples náufrago da geração flower-power, velho mandrião desempregado, que não rejeita guimba de cigarro, caporal ou baseado. Mas quem já foi rei nunca perde a majestade. Sempre convidado, freqüentador assíduo de todas as conferências, boas ou pífias, o que importa é que haja bom buffet, salgadinhos, bebidas. Barbas volumosas, velhos óculos esfumados, rota camisa de Elvis Presley. Durante o jantar, assovia com erudição Bach, John Lennon, Zequinha de Abreu, Vivaldi, para encanto dos comensais, no salão de Dona Tonica.

Outro titan da pensão: Doutor Gamboa, o veterinário transcendental. O zoológico esculápio vive de graça na pensão, em virtude dos cuidados profiláticos que oferece à Jararaca Verde e ao papagaio de Dona Tonica.

Fenomenais as discussões metafísicas entre Malaquias, Fakir Nandu e Doutor Gamboa. Mercê do entusiasmo que provocam na pequena mas seleta platéia, garantem por seu lado, os dois primeiros citados luminares, substancial abatimento na conta quinzenal, quando não seja o providencial esquecimento da cobrança.

Cofiando as cascateantes barbas, ajeitando os óculos redondos, Doutor Malaquias, sussurrando longamente oooooohm... concentra-se no rubi fulgurante do Fakir Nandu. E de repente, qual um bote de cascavel, solta o verbo:

(MALAQUIAS, para o Fakir) — Bela, a nossa Jararaca... E sabe dançar com a graça fatal da Deusa Durga, ao som matreiro de tua flauta. Dentre as perigosas serpentes, memoráveis e imemoriais, a menos aterrorizadora seria, certamente, enroladinha na Árvore do Bem e do Mal, a pequena e traiçoeira serpente do Paraíso. Mas os estragos que a safadinha aprontou são siderais.

(GAMBOA, sorrindo pra Jararaca Verde) — Amoreco, virei sempre repousar nas tuas mimosas volutas...

(FAKIR, para Malaquias) — A serpente enrolada numa árvore é a imagem da energia cósmica recôndita no corpo humano. Subindo enrolada pela coluna vertebral, a serpente Kundalini segue em busca do cérebro, onde, ali chegando, provoca o orgásmico êxtase da iluminação suprema: a consciência do Divino.

(MALAQUIAS) — O êxtase do Fakir... Mas a serpente Kundalini é uma só. E as serpentes do caduceu de Mercúrio são duas.

(GAMBOA, pra Jararaca) — Tu irás sempre às aventuras no porão, comer tuas ratazanas e camundongos... rebolando... rebolando...

(TONICA) — Seria então melhor, Doutor Malaquias, que em vez duma só jararaca, eu tivesse duas?

(MALAQUIAS) — Duas a senhora já tem, Dona Tonica...

(TONICA, desconfiada) — Que devo sacar de tão sibilinas palavras?

(GAMBOA, sorrindo pra Tonica) — Que o vosso encanto, dama gentil, é mais sedutor que o da serpente do Paraíso...

(Aplausos frenéticos do público.)

(TONICA, arfante e sorrindo) — O senhor exagera... Seu maroto!...

(FAKIR) — Ele não exagera, Dona Tonica. Dou-lhe toda a razão. As duas serpentes do caduceu de Mercúrio se desconhecem uma à outra, pois se cruzam sem nunca se encontrar. Mas só a Kundalini ignora a si própria, na fusão mística com o Divino.

(TONICA) — Ai! que lindo... Fakir Nandu!... Guardaremos então somente uma única serpente, a nossa única, linda, Jararaca Guaracy...

(Aplausos do público, de pé.)

* * *

Visivelmente emocionada com o sucesso da soirée, Dona Tonica distribui bebidinhas a todos. Ante insistentes pedidos, Fakir Nandu toca de novo a flautinha fanhosa. E a Jararaca Verde recomeça a dançar. Quanto mais dança a Guaracy, mais fulge o rubi do turbante de Fakir Nandu. Um espetáculo maravilhoso, que embevece os hóspedes da pensão. Na entrada da sala, em um vaso marajoara autêntico, perfila-se o cacto mexicano. Mediante uns talhes bem aplicados, Dona Tonica costuma extrair-lhe uma tequila de supina qualidade. E o papagaio? Segue cochilando... Fica pra outro folhetim.

Há ainda uma exuberante morena rendeira, de ar severo e coxas roliças, Jambinho, que já causou uns três ou quatro suicídios. Mandou pro necrotério metade dos pensionistas. Mas Dona Tonica não reclama. Coleciona os bilhetinhos de adeus dos tresloucados. Alguns se enforcaram no poste da esquina, dando trabalho redobrado ao acendedor de lampiões; outros, mais discretos, ingeriram formicida. Um assunto palpitante, que guardaremos para um próximo folhetim, com especial papel pro papagaio. Voltemos por ora ao misterioso salão de Dona Tonica. A Jararaca Verde guarda a porta do alçapão. O alçapão é a boca do Porão. E o Balaio da Gorducha está no fundo tenebroso do porão. Se quiseres tentar umas beliscadas nos anéis e pepitas do Balaio, vai descendo de mansinho pela escada em caracol, na goela do sumidouro...

Não há nada mais sossegado que a boca da escuridão. Se roubares uns cobres, irás pra prisão. Mas se roubares o reino inteiro, é o Rei quem irá pra prisão. E te transformarás num Príncipe Perfeito, distribuirás favores, e os sábios exaltarão tuas virtudes. Mas os perigos são variados. Além das ratazanas, lacraias e aranhas-caranguejeiras que infestam o porão, não te esqueças que a Jararaca, toda enrolada debaixo da cristaleira do salão, te espera na volta. Mas até hoje nem precisou se incomodar, a monstrenga, pois se muitos partiram, nenhum voltou.

E ninguém sabe, afinal, o que tem no Balaio de Tonica. Vai ver são só quinquilharias, talvez um missal, uns cromos... Num dos cromos vemos a Sentinela de Pompéia jogando dados com a estalajadeira, enquanto o Vesúvio vai destampando uma tremenda fumaça preta. Mas insistes nos teus desvarios, não é? E a fumaceira preta crescendo, crescendo... Conheço tua teimosia. Pois toma ao menos um vermouth pra refrescar as idéias antes que te enfrasques nessa inglória odisséia... e Pompéia se acabe.

Ou saboreia, uma última vez, o insuperável Vinho da Gorducha. Mistura porém com água, como prescreve Dona Tonica: nada em excesso, tudo com temperança... Mas eis que entra no salão, sem ter nada a ver com a história, a deusa Ishtar, de penhoar, cachos perfumados, e traz umas jabuticabas pra Jararaca: "Toma cá, meu benzinho...". E dá-lhe um beijo na boca.

15. Tridente

Manhoso e preguiçoso, esse Diabo Faísca, o mestre das intrigas e imbróglios de boudoir... Trabalha no lusco-fusco, ao som de cravo e mandolina. Pisa macio, pra não ouriçar Dona Tonica, a severa locandeira da pensãozinha familiar onde ele mora discretamente num quartinho dos fundos. Quando seus colegas mofam de seu paradoxal domicílio, justifica-se o Faísca, que assim pode melhor disfarçar suas secretas atividades. Ademais a pensão é baratinha. Ao que parece, Belzebu não paga tão bem quanto se imagina a seus fiéis funcionários. Mas se o salário é baixinho, a verba de representação é polpuda. Faísca só anda de táxi. Freqüenta palácios, teatros, cassinos... e a fina flor da sociedade.

Em tenebrosa noite de tempestade, imponente carruagem faz alta diante da pensão de Dona Tonica. Freguesia nova!, exclama a locadora. Vendo apear elegante fidalgo, a gorducha esconde a Jararaca no armário, enquanto a sineta furiosamente badala.

Dona Tonica abre, extasiada, a porta. De bengala de castão e lorgnon fumé, entra o precioso galante, peruca empoada, colarinho e punhos de renda, trazendo no arrasto a borda de bela capa de marroquim incrustada de cintilantes rubis. Dona Tonica capricha na reverência:

(TONICA) — Boa noite, senhor...
(GALANTE) — ...Marquês.
(TONICA) — Desejaríeis uma pousada? Será para nós uma honra! Por quantas noites, Senhor Marquês?
(GALANTE) — Ora, senhora...
(TONICA) — ...deslumbradamente Tonica, a vosso inteiro dispor.
(GALANTE) — Ora, por quem vos tomais?, senhora Dona Tonica... Pois então eu, Marquês, me hospedar nesta...
(TONICA) — ...paradigmática pensão...
(GALANTE) — ...reles espelunca.
(TONICA) — Tem melhores pensionistas do que na Corte, marquês rapado.
(GALANTE) — Meu castão está coçando.
(TONICA, abrindo o armário) — Minha Jararaca também.
(GALANTE, recuando) — Que monstro colossal, senhora Dona Tonica!
(TONICA) — Está a vossas ordens para qualquer diligência, Senhor Marquês. O veneno é garantido. Podeis experimentar. Tem certificado de origem da Amazônia, com rubrica original do Doutor Gamboa.
(GALANTE) — Muito grato. De uma próxima vez. Hoje vim palestrar com Dom Faísca.
(TONICA) — Última porta nos fundos do corredor. Dignai-vos acompanhar-me, Senhor Marquês.

Enfurnam-se os dois pela dúbia galeria. Dona Tonica vai abrindo caminho nas trevas com um candelabro de duas velas. Morcegos voam e guincham. Ratazanas se esgueiram. Canta um galo. Hiena gargalha. Uma corrente de ar, mofadamente baforeja, fétida e cortante. Chegam ao final do sinistro estirão. Dona Tonica bate à porta. Dom Faísca abre, com manhoso sorriso. Entra o Marquês, exit Tonica.

Sorrateiro, Dom Faísca roda a chave a sete voltas. Tossica, ajeita a gaiola do morcego, desentorta um pouco a vela preta no topo da garrafa, encosta o tridente no armário, esfrega as mãos, estira a barbela pontiaguda, olha meio de banda, matreiramente solícito:

(FAÍSCA) — Pois então, Senhor Marquês...
(GALANTE) — ...talvez de Sade.
(FAÍSCA) — Por sem dúvida. A que vindes, se mal pergunto?
(GALANTE) — Solicitar-vos importante e delicada missão. Levai-me este mimoso bilhete, escrito com a tinta da melancolia e a pluma da paixão, à trêfega Marquesa de Bolonha. Mas deixai-lhe crer que eu seja tão-somente o Visconde de Caruru.
(FAÍSCA) — Se assim o desejais, posso providenciar, se bem sabeis de que há umas pequenas formalidades que dantes haveis de cumprir. Quanto a vosso plano, temo que conhecido por assaz sejais, Senhor Marquês, e nem sonho como colar possa tão singelo estratagema.
(GALANTE) — Mas, por Baco, sois ou não sois afinal o arquiastuto Faísca?
(FAÍSCA) — Olá se o sou... Olá!... Já trabalhei pra rainhas, imperadores...

* * *

E após se espreguiçar enfarado e tremular leve bocejo, o Maléfico súbito desenrola e estala um palmo de língua, e fisga a mosquinha azul que voluteava.

16. Gárgulas

A Torre alumia de esguelha, de lucarnas d'olheiras empapuçadas... Torre sinistra, envolta em brumas, exalando um bafo suspeito, de enxofre. Lá no alto circundada por gárgulas sarcásticas, que gargalham e soltam catadupas de lama sobre os passantes. Quanto mais fedida, mais perigosa. Seus moradores são dúbios. Guardas corcundas, cortesãs com rabo de cobra...

Sobretudo, não te vás enamorar da Rainha Margot. Não faças psiu muito forte... Se ela não te ouvir, melhor pra ti, não morrerás de véspera, qual peru de Natal, e mais amarrado que pernil de presunto, pendurado do teto, no porão.

Rainha arrogante, valente... Enfrenta qualquer cavaleiro, e no final do quarto ato, depois de muitos gemidos, avanços e recuos, antes que caia a cortina, corta-lhe a cabeça. Depois ela chora, enquanto os guardas corcundas carregam o corpo do defunto e embrulham a cabeça em papel crepom. Chora, e quanto mais chora mais se mira no espelho... Linda, com as lágrimas roliças a rolar pelos seios de alabastro, até virem borbulhar no decote rendilhado.

* * *

Margot só tem medo do Buridan. Ou por outra, não é propriamente medo, mais parece uma paixão recolhida por aquele mandrião canalha. Ai!, que se ele voltar à Torre, ele vai ver uma coisa... Ai!, que se ele voltar... De repente, aparece-lhe a deusa Ishtar, toda de lamê, bundão apertado, mamas de fora, soltando umas lantejoulas:

(ISHTAR) — Cucu, cá estou, minha flor, pra te ajudar...
(MARGOT) — Ai!, Divina, por quem sois...
(ISHTAR) — Por ti, naturalmente... Sou a protetora das boazudas fatais. Vamos pegar este Buridan, fazer dele picadinho de fuagrá, comê-lo ao molho pardo, e depois mandamos os anéis do galante de lembrancinha pra viúva... Ah-Ah-Ahhhh !!...
(MARGOT, assustada) — Não o mateis!
(ISHTAR) — Mas, naturalmente, primeiro uma louca noitada, pra gozarmos à beça... Vamos enlouquecer o rapaz... De manhãzinha, passamos à fase mais propriamente culinária de nosso programa.
(MARGOT) — Ai!, Divina, não o mateis...
(ISHTAR, bocejando) — Estás ficando meio frouxa... Ai!, que tédio... Bobas choronas não compartem de minhas maravilhas. Vou tirar meu leque do sarau.

E numa explosão de orquídeas, Ishtar desaparece. Os tempos tristemente se passaram. Enfim, seja como for, o fato é que a Rainha Margot cada noite morre mais um pouquinho de ressentida tristeza, desde aquela brumosa madrugada em que o

Buridan, após bela reverência com chapéu de plumas, pulou pra borda do peitoril da torre, se equilibrou na gárgula, mergulhou nas brumas, caiu montado no burro, galopou, galopou, nunca mais voltou.

17. Constelações

Quando as abelhas estão ariscas, adapta-te às circunstâncias. Se o urso não subir na árvore pra te pegar, é porque ele é teu amigo. Está esperando que finalmente desças pra te abraçar. O jornaleiro perneta viu o bicho de costas, pensou que fosse um motociclista parado depois de muita cerveja e que agora estava dando uma mijadinha na árvore propícia. Quando chegou perto, já era tarde. Saiu correndo, e o urso atrás. O jornaleiro foi lançando seus jornais e gritando: olha a *Gazetta*, o *Clarim*, o *Arauto*, o *Tempo*, a *Notícia*, e o urso atrás... até que o jornaleiro, soltando o último pasquim, berrou: olha o *Pravda*!! O urso parou e começou a ler o panfletário rotativo moscovita. Pra um urso parar, só mel, sorvete ou... o *Pravda*.

O jornaleiro perneta galopou ainda um pouquinho, depois foi desacelerando, desacelerando... E a noite caindo. O jornaleiro se aproxima dum castelo encarapitado num altíssimo rochedo. Quem sabe lá em cima possa vender um jornal? O jornaleiro escala intrépido o escarpadíssimo penhasco e chega diante do castelo. Lá em cima, nas ameias, o Conde dialoga com a própria sombra, projetada no muro da torre.

(CONDE) — Que achas de minha esposa?
(SOMBRA) — Uma dama de grande beleza e distinção. Embora...
(CONDE) — Embora?...
(SOMBRA) — Um pouco estranha, Senhor Conde.
(CONDE) — E a sombra dela, que pareces amar tanto quanto eu a Condessa, que te parece?
(SOMBRA) — Tão estranha quanto a própria Condessa.
(CONDE) — Por que insistirá ela em que eu não a veja aos sábados?
(SOMBRA) — Foi a condição que vos impôs para casar-se convosco. Deveis respeitar vossa promessa, senhor.
(CONDE) — E a respeito. Mas não posso deixar de cismar...
(Por trás do Conde, voa da janela uma mulher-serpente com asas de morcego. Só a Sombra a percebe, e ela some rapidamente nas brumas. O Conde apenas ouviu um silvo estranho e sentiu uma lufada de vento.)
(CONDE, assustado) — Que foi isso, esse silvo, essa lufada?
(SOMBRA) — Nada, Senhor Conde...
(CONDE) — Como, nada? Alguma coisa zuniu por aqui...
(SOMBRA) — Apenas uma águia, senhor, uma águia gigantesca, num farfalhar de asas, que passou e sumiu.
(CONDE) — Que dia é hoje?
(SOMBRA) — Sábado, senhor. Mas deixai de lado vossas vãs preocupações. Contemplai a belíssima noite estrelada...

A Ursa Maior lambeu tanto a estrelinha que ela se tornou fulgurante. Abade Cordeiro, no Dia das Mães, deita comovente panegírico, de seu imponente púlpito barroco, para uma platéia seleta de damas da corte, beatas, coroas, comendadores, alabardeiros e... o jornaleiro perneta. Dona Tonica, sempre emotiva, começa a soluçar com grande bulha. O Abade está arrebatado de sacra inspiração:

"A Grande Ursa, essa Constelação materna... lambendo suas estrelinhas pra que se tornem formosas... é uma comovente alegoria para a elevação moral da família, pois convém nos lembrarmos de que a mãe de hoje será a sogra de amanhã. Fortaleceremos assim nossa santa paciência com essas velhas ursas tão injustamente afastadas pelos genros intransigentes para o fundo do quintal. Um pouco de mel, um pouco de sorvete, para as veteranas raízes de vossas árvores genealógicas. Mas se o cósmico exemplo da Grande Ursa não chega pra aplacar a rispidez de vossos encardidos corações, sursum corda!, pensai em maior escala, olhai a portentosa Via Láctea, jorrando leite de graça de suas divinas tetas para as orfãzinhas de Siracusa...".

A coroa do Arquimedes, que também está na missa, se comove e começa a chorar, borrando de roxo seus fofos bochechões.

A sombra furtiva da mulher-serpente vem voando e entra pela janela. O pêndulo do salão badala meia-noite. O Conde, bocejando, deixa cair o jornal comprado do jornaleiro perneta, onde leu o insuflado sermão do magistral Cordeiro. "Catrâmbias!... melhor fizesse o Abade de plantar abóboras no cemitério! Ai! que tédio... Não há fé que agüente esse escolástico purgante", murmura o Conde, levantando-se da soturna cadeira e se espreguiçando com um bocejo de leão. A seguir, empunhando o candelabro, em passos solertes, à luz bruxuleante de uma vela colossal, se vai pelo corredor e bate à porta dos fundos. A Condessa abre, deslumbrante de beleza, a enorme cabeleira negra cascateando em magníficos cachos rebeldes, os seios possantes quase arrebentando o decote de lantejoulas. O Conde solta um cavo suspiro.

(CONDESSA, de olhos refulgentes, dúbio sorriso, mais provocante do que nunca) — Meu Senhor?...
(CONDE, ofegante) — Por vós morrendo, Minha Senhora...
(CONDESSA) — Trouxestes a vela e eu tenho o incensório... Façamos, pois, vosso enterro, Meu Senhor... solenemente, com coral, lágrimas, música de cravo...

18. Caranguejo

A Lua não gosta de trabalhar. Sabe falar, mas banca a muda. E revira pra cima os olhos contritos. É pior que o macaco. Quando se coça, ganha tempo pra crescer; ou sumir, segundo as circunstâncias.

Maleva e manhosa, a Lua, que não é besta, apronta grandes imbróglios. Para o Sol, sobretudo, que tem de sofrer, por sua infrene paixão, muitas tribulações. O Sol suspira fundo, mergulha no mar e afunda de desespero... E diz que nunca mais vai voltar.
Mas eis que vem o galo e canta, e o Sol reaparece. Se Freud não explica, desta vez o Jung dá um jeitinho. Quem também estudou alquimia, nosso erudito Professor Fumegas, bem sabe que a Lua só dá pro Sol no cemitério. O que não acontece muito, bem pelo contrário; quando acontece, temos um eclipse. No montinho de urtigas, a Lua por cima e o Sol por baixo.

Está a Lua meio encrencada com Saturno, outro mandrião. Vivem brigando por causa dumas estrelas que a espertinha queria que o barbaças pescasse pra ela da Via Láctea. Ela queria aprontar uns colares... A Via Láctea jorra então leite, de suas tetas exuberantes, para as orfãzinhas de Siracusa. E a coroa do Arquimedes, com o sábio na banheira, tem as suas irisadas de espumas. Nem só de geometria e invenções vive o gênio...

Mas velho Saturno já vem de outros carnavais. E Saturnálias... Acostumado a malandragens das mais altas esferas, ele não cai em vãs esparrelas. Olha prum lado, olha pro outro, assovia a tarantela, esconde os anéis nas barbas e bota a lanterna no saco. Vem Mercúrio, saracoteando, e paira perto de Saturno:

(MERCÚRIO) — Salve, avô Saturno, como vão as coisas?
(SATURNO) — Assim assado, lépido jovem...
(MERCÚRIO) — Tens o ar macambúzio, avô...
(SATURNO) — Mais pra assado do que pra assim, ora pois...
(MERCÚRIO) — Nunca ris?
(SATURNO) — Nunca. Acho o riso sem graça.
(MERCÚRIO) — E se o riso não vale, qual então a graça?...
(SATURNO, de sobrolho) — Pra mim, graça é a melancolia...
(MERCÚRIO) — E te dás bem, assim tão melancólico?
(SATURNO) — Otimamente. Nem imaginas...
(MERCÚRIO) — Foste um Soberano Perfeito, teu reino foi a Idade de Ouro.
(SATURNO) — É verdade... Bons tempos... Me deixaram saudade...
(MERCÚRIO) — Um Soberano Perfeito, mas devoravas teus filhos...

(SATURNO) — Todo Soberano Perfeito devora seus súditos.
(MERCÚRIO) — Acho que prefiro a república... Mas por que devoravas teus filhos?
(SATURNO) — Só os mastigava um pouco, mas depois cuspia fora. Andam todos vivos por aí. Era um processo de educação, para que não se criassem molengas. Por sinal, deu certo. Júpiter e Netuno se tornaram tão fortes que me tomaram o poder. Eis no que dá ser um perfeito mentor...
(MERCÚRIO, rindo) — Comeste umas pedras pensando que fossem teus pirralhos...
(SATURNO) — Tão burro assim não sou. Tudo invencionices dos jornais pra me desmoralizar. Não acredites nessas balelas dos pasquins londrinos...

Saturno e Mercúrio se vão, conversando. No céu fica a Lua, rebrilhando...
Apaixonado pela Lua é o Caranguejo, que fica pulando na ponta dos pés, a ver se consegue beliscar aquele bundão. A Lua vai deslizando entre as nuvens, rebolando na dança dos sete véus, e o Caranguejo, aqui embaixo, corre que corre na ponta dos pés, pinças abertas, olhos esbugalhados, olhando lá pra cima...

Aliás, a Sereia não é tão desprovida, como pensam os neófitos. Muitas escamas, lá isso ela tem, mas também tem um fecho ecler... Ela canta, ela canta, mas só mostra pra quem quiser chegar mais pertinho... e mais uma vez o naufrágio. Quantas galeras jazem no fundo do mar, as velas enfunadas pelas correntes marinhas, os esqueletos dos marujos com as japonas já se rasgando, as caveiras cobertas de caramujos... No piano do salão, o polvo toca a "Catedral submersa", do Debussy.

19. Crepúsculo

Alguns leitores excêntricos, que se comprazem em alfarrábios abstrusos e marginais, e que não hesitam em mergulhar em antitextos e outros brejos de papelórios desconexos desprezados pela elite bem-pensante que dita os cânones da cultura (enlatada) contemporânea, talvez tenham parcialmente lido, nalgum naco de folheto já meio rasgado, uma fábula que andou circulando entre os alunos e alunas do Lyceo Pitanga, em que se contavam as estripulias de um pavoroso gigante que mora em tortíssimo castelo sobre escarpado rochedo. Sofreai aqui vossos passos, leitores sensíveis, leitorinhas melindrosas, que o que se segue será horripilante.

O Gigante Belfedor mede onze pés de altura, abre uma bocarra descomunal capaz de soltar os maiores palavrões e engolir, de um só sorvo, um cavalo vivo, com cascos, rabo com fitas, testeira, antolhos, freio, barbela, cisgola, gamarrilha, tirante, ventrilho e penacho; e depois, com discreto arrotinho, cospe os cravos da ferradura.

No salão do castelo torto, Belfedor caprichou na decoração: a harpa de ouro, a gansa gordíssima que dorme no sofá rococó que o gigante roubou da Imperatriz Penélope durante um banquete, com a desfaçatez de costume. E um baú, onde ele enfurna, oh, sacrílego horror!, o Sol durante a noite...

De madrugada, Belfedor sacode a gansa, destampa o Sol, e os leva ao quintal. A gansa que ponha seus preciosos ovos, assunto a que voltaremos em breve. E o Sol, bocejando, ainda meio amassado da noite maldormida no baú, geme e resmunga. O gigante o empurra pra cima, pra que ele esvoeje um pouco, sobre o pântano. Mas não pode ir muito longe, o Astro-Rei, porque segue preso por um de seus raios, que Belfedor amarra num poste. Por isso andam, nestes últimos tempos, os dias brumosos e tristes.

No etéreo palácio que paira em nuvem colossal sobre o Vesúvio, o Consílio dos Deuses vai agitado. Uma sibila grega escreveu-nos uma carta desaforada, reclamando que o palácio paira sobre o Olimpo, e não sobre o Vesúvio. Ora, ora, os tempos mudaram, Dona Sibila, e os Deuses, atilados, sabem que o poder metafísico se trasladou pra Roma. Pra evitar competições desnecessárias, se instalaram em Nápoles. Júpiter, ar severo, cofia lentamente as barbas aneladas. E Mercúrio coça as costas com o caduceu.

(JÚPITER) — Este gigante de fanfarrices pleno merece paradigmático castigo.
(MINERVA) — Como conseguiu ele, meu pai, roubar-nos o Sol?
(JÚPITER) — No cemitério, após um eclipse. O Sol ainda estava em doce torpor, a Lua já tinha partido...

(vênus, disfarçando o sorriso) — Ai!, pobrezito!... Tão enrabichado pela Lua...

(juno, severa) — Um amor honesto, por sua legítima esposa, não vejo o que possas achar pra deboches.

(vênus, a carinha inocente) — Mas eu não estou debochando, muito pelo contrário...

(júpiter) — Pax!... Lux!... Lex!... E tu, Mercúrio, que és o mestre supino dos ladrões, descolarias acaso alguma idéia do que se aprontar devesse pra surrupiar o Sol de volta? Estes dias cinzentos insuportáveis me parecem.

(mercúrio) — Belfedor é um ladrão consumado, um fiel de minha paróquia... Não posso persegui-lo sem desdouro de meu prestígio...

(júpiter, pra toda a assembléia) — Eternos moradores do luzente, alguma coisa de urdir havemos para libertar o Sol de torpe jugo faulhento assaz... nas garras dragontinas de um nas urzes da charneca com hidras flamispirantes amatolado baldrocante piolhento gigantaz.

(juno) — Por que o Vesúvio não pede uma ajuda ao Vaticano?

(júpiter, irritado) — Mas que heresia, Juno!... Concedo que precisamos ser realistas, pragmáticos... A prudência nos aconselha discrição. Mudaram os tempos, e o Grande Pan morreu. Desde a traição do Imperador Constantino, a máfia divina do populacho nos tomou o poder.

(juno, num rompante de cólera) — Se tal ocorreu, a culpa foi tua!

(júpiter) — Culpa minha?... Que caraminholas ora te assanham o juízo?

(juno, soluçando) — Culpa tua, sim, por tuas traquinadas irresponsáveis...

(minerva) — Nosso pai tem razão. A culpa é do populismo teológico que dominou a aristocracia grega e latina. Longe vão os tempos de Péricles...

(JÚPITER) — Não nos deixemos ensombrecer por vãs tristezas. Precisamos viver e deixar viver. Felizmente o Renascimento nos trouxe um pouco de aragem...

(VÊNUS, preocupada, vendo Cupido pendurado no balcão) — Não te debruces tanto, menino! Cuidado! Podes cair da nuvem!!

(CUPIDO, rindo) — Eu sei voar, mamãe...

(NETUNO, se levantando, solene, e tirando com ar grave uns caracóis das barbas) — Enfim, preclaros divinos, o fato é que esses vis humanos não só nos roubam o Sol mas ainda me emporcalham de petróleo as águas... Uma menção na Carta da União Européia ao Divino Senhor do Vaticano e de teólogos pietistas, vários tribunos propuseram. Mas numa evocação a nossas fulgurantes pessoas, à nossa decisiva presença na formação psíquica e filosófica européia, ninguém pensou. Não nos respeitam mais, os humanos, só acreditam agora na cornucópia de Procópio e na barca de Caronte.

(BACO, erguendo uma taça transbordante de magnífico falerno) — Bravíssimo, Netuno, muito bem!!!

(MEGERA, irrompendo desgrenhada no salão, brandindo uma vassoura) — E as bruxas?? E as bruxas?? Quem se lembrou das bruxas, martirizadas nas fogueiras da Inquisição??

(JÚPITER, pigarreando, meio constrangido) — Tia Megera, por favor, modera-te um pouco...

(Gargalhada geral.)

(DIANA, à parte, para Apolo) — Mas quem é esse Procópio, a quem Netuno se refere?

(APOLO, a meia-voz) — É um Deus novato, cafona e poderoso, do Panteão Virtual Capitalista: o Deus das Finanças, sempre discretamente mencionado, mas adoradíssimo... Seus sumos sacerdotes são banqueiros e empresários.

(DIANA) — E quem teria convidado a louca Megera ao Consílio?

(APOLO, sorrindo) — Mistérios, minha irmã, mistérios... Louca talvez, a Megera, mas sabe os seus truques...

Eis que chegam, naquela paisagem brumosa do brejo, dois franceses e uma velha dama, meio esquisitos. Um deles, mais madurote, de barba pontuda, sempre aperreado pela velha dama, sua religiosíssima mãe, e o outro, ainda adolescente, com ares rebeldes. Vivem brigando um com o outro, e a mãe se metendo no meio, citando passagens bíblicas, pra ver se pacifica o ambiente. O tempo cinza, enfezado, é propício pra acirrar os ânimos, o madurote puxa da pistola e dá um tiro no rapazote: aquele estrondo, a dama cai pra trás, o rapaz também. Mas a pontaria, felizmente, não é das melhores. Mais gritaria do que sangue propriamente. Aproveitando a baderna geral, o Gigante Belfedor aparece, disfarçado de policial, e prende o madurote. Leva-o para o castelo torto, onde o coloca de garçom e cozinheiro, pra lhe preparar e servir uns pratos típicos de bistrô de Paris: bisnagas de pão com queijo derretido, chouriço, sopa de gulache, cerveja, absinto... maço de cigarro caporal, jornal do dia e selos pra sua copiosa correspondência.

Tempos depois, numa nevoenta manhã, o Gigante, com ar preocupado, manda vir seu garçom-cozinheiro, que entra no salão com ar abatido, ajeitando o puído xale lilás, olheiras fundas, alisando as maltratadas barbas, soltando cavos suspiros.

Belfedor franze de leve o sobrolho e solta, em tom melancólico, a voz de trovão:

(BELFEDOR) — Garçom, a minha gansa mágica, a Retórica, não quer mais botar ovos, seus lindos ovos d'oiro... tão preciosos... Ah, gansa bandida! Que faço, Garçom, que faço?
(GARÇOM) — E a harpa?
(BELFEDOR) — Harpa não bota ovo.
(GARÇOM) — Mas segue tocando?
(BELFEDOR) — Divinamente.
(GARÇOM) — A música, antes de qualquer coisa.
(BELFEDOR) — Mas... e a Retórica?
(GARÇOM) — Torcei-lhe o pescoço.
(BELFEDOR) — Bem se percebe que pouco sabes de política, e ainda menos de finanças. Volta pra cozinha e prepara lá um café-filtro.

O infeliz garçom volta, em arrastados passos, pra cozinha e verte um cálice de absinto. Ele escreve seus versos, que o Gigante considera pouco sadios e desprovidos de patriotismo. Quanto ao moleque, que logrou escapar, também ele escreve os seus, conforme sabe o Belfedor, que conseguiu reter-lhe a maleta, cheia de garranchosos manuscritos, que o Gigante não conseguiu exatamente classificar. ("Este pelintra precisa voltar pra escola.") Mas a mãe do garçom, devotadíssima, recusou-se a fugir com o moleque ("um ingrato") e arrojou-se aos pés do Gigante, implorando a liberdade de seu pobre Paulinho.

(BELFEDOR) — Como é o seu nome, minha senhora? Viúva Verveine? Enfim, não captei bem, mas digamos então que a senhora se chame... Medusa.
(VIÚVA) — Ai!, Medusa!... Que belo nome, Monsenhor Belfedor, gratíssima!...
(BELFEDOR) — É isso aí, Dona Medusa, bom gosto é comigo.
(VIÚVA) — Vossa Munificência tem um espírito verdadeiramente iluminista. Vossa Sublimitude liberta, então, o Paulinho?...
(BELFEDOR) — Lamento, Dona Medusa, mas não posso libertar o Paulinho assim tão fácil... Aqui neste reino, pequeno mas digno, não se pode sair dando tiros de pistola em colegiais. O que posso oferecer é que a senhora permaneça de ama-seca de meu filho Progresso...
(VIÚVA) — Também posso amamentar...
(BELFEDOR) — ...na sua idade?...
(VIÚVA) — ...de leite de mamadeira, pasteurizado, naturalmente.
(BELFEDOR) — A senhora está muito moderna.
(VIÚVA) — Em vez do Progresso, não poderia eu tomar conta da Ordem? Prefiro menina, dá menos trabalho.
(BELFEDOR) — Menos trabalho?! Mas enfim a menina já tem governanta brasileira.
(VIÚVA) — Mamar nas tetas morenas o charme tropical!... Vossa Sublimidade, sim, está moderníssimo! E quanto perceberei, pra cuidar do pirralho?
(BELFEDOR) — A senhora é uma típica pequeno-burguesa francesa, Dona Medusa! Sempre com essa obsessão pelo vil metal! Tenha um pouco de idealismo...
(VIÚVA) — Posso ensinar francês ao Progresso. Se eu tomar bem, mas bem, bem mesmo, conta do menino, ensinar pra ele gramática, história santa, aritmética, Vossa Giganteza ato contínuo liberta o Paulinho?
(BELFEDOR) — Agora a senhora está passando pra categoria

clássica das mães extremadas... Não se esqueça que os gigantes não rejeitam um ensopadinho humano... Digamos que se a senhora trabalhar direitinho de ama-seca, eu me absterei de fazer gulache do seu Paulinho e chucrute da senhora...

(VIÚVA, em prantos) — Oh! atroz tirania...

(BELFEDOR, às gargalhadas) — Ah Ah Ah... Agora sim, Dona Medusa, a Senhora está ficando mais atilada, começa a compreender melhor minha sensibilidade artística... Saiba que sou muito lido para um gigante, e os folhetins em que apareço são sempre os maiores e os melhores da *Gazetta*...

(VIÚVA) — Os maiores, sem dúvida...

(BELFEDOR) — Donde saca a senhora tal certeza a priori?

(VIÚVA) — De vossa ciclópica retórica.

(BELFEDOR) — A senhora também é personagem de folhetins alentados, mercê de sua incoercível vocação pra dramalhões.

(VIÚVA) — Talvez por pertencer a uma geração mais piedosa... Procuro pelas preces harmonizar meu magoado coração materno com as cruéis maquinações das Parcas. Mas conforta-me saber que Paulinho é um grande poeta.

(BELFEDOR) — Não desejaria frustrar suas ilusões maternas... Mas me parece que nas poesias de Paulinho há vento demais... e um exagero de folhas secas.

(VIÚVA) — Qual ditoso vate se beneficia dos lúcidos sufrágios de Vossa Munificência?

(BELFEDOR) — Augusto Comte.

(VIÚVA) — Mas o Comte não é poeta.

(BELFEDOR) — Ainda bem! Apraz-me uma leitura enérgica e edificante. O Renan, por exemplo, não é mau... mas meio molenga. Já o Comte tem estilo musculoso.

(VIÚVA) — Sou muito amiga da Clotilde de Vaux...

(BELFEDOR) — Ora, Dona Medusa, não me venha com papo furado! Quando a Clotilde deslumbrava o Augusto em Paris, a senhora andava lá por Metz limpando os cueiros do Paulinho...

(VIÚVA) — Todos os gigantes gostam tanto assim do Augusto Comte?

(BELFEDOR) — Só os que somos mais distintos, ao norte e ao sul do Equador.

(VIÚVA, a meia-voz) — Haja saco e paciência...

(BELFEDOR, ameaçador) — O que foi que a senhora murmurou?...

(VIÚVA) — Eu?... Disse nada não...

(BELFEDOR) — Disse, sim. E seria bom a senhora repetir... para evitarmos esganamentos desnecessários.

(VIÚVA) — Sim, eu disse... que ciência!... que regalo pra um interlocutor, búlgaro ou cossaco... Vossa Sublimidade é uma colossal enciclopédia de assombrosa erudição. Vossas intervenções fazem nosso diálogo digno de Platão.

(BELFEDOR, sorrindo) — Para tanto, precisaríamos melhorar a sua parte; mas devo admitir que a senhora tem bom senso de apreciação. E também devo reconhecer que sou rico e poderoso... Tenho uma gansa que bota ovos de ouro chamada... Retórica.

(VIÚVA, bocejando) — Paulinho detesta Retórica...

(BELFEDOR, de sobrolho carregado) — Disso já sei. E a senhora?

(VIÚVA, peremptória) — Acho a Retórica uma logorréia para o complacente gozo geriátrico de bispos dispépticos e senadores reumáticos.

(BELFEDOR, suspirando) — A senhora já estudou Ciência Política?

(VIÚVA, cabisbaixa) — Não, Majestosa Giganteza.

(BELFEDOR, oferecendo-lhe uma rolha) — Então use deste tapador de cortiça, do melhor champanhe da Provença, no orifício mais adequado.

(E o Gigante Belfedor, fazendo sobrolho de superioridade intelectual, começa a lixar as unhas com uma língua de pirarucu.)

Um rigoroso inverno. Todos os caminhos cobertos de neve. E brancas se tornaram as muralhas altíssimas do castelo de Belfedor. O monstro colossal vai à cozinha controlar como estará trabalhando o garçom francês. Encontra-o derreado ao banco, em total depressão, soluçando e ajeitando seu puído xale lilás.

(BELFEDOR, pigarreando) — Bom dia, Garçom. E a gansa Retórica? Botando seus ovos d'oiro?
(GARÇOM, fungando) — Sim, bem grandes. E a pata Gramática segue botando os seus, pequeninos, de prata.
(BELFEDOR, satisfeito) — O sistema bimetalista garante a robustez das finanças, a estabilidade das instituições, o pleno emprego, a mão-de-obra barata... Mas a que vem esse choro fungado, Garçom, por que essa tristeza???
(GARÇOM) — Ora, é o inverno, senhor, e cá estou, como vosso prisioneiro...
(BELFEDOR) — És um ingrato. Pra te distrair, fiz eu sei lá quantas extravagâncias. Regalei-te com garrafas de absinto, livros do Comte, de Hegel, de Gobineau... Inclusive contratei tua mãe, Dona Medusa, pra que te consolasse um pouco, com suas lágrimas maternas.
(GARÇOM) — Aquela velha louca não é minha mãe.
(BELFEDOR, surpreso) — Mas assim me disse...
(GARÇOM) — Minha santa mãe chora e reza em Paris, pedindo aos céus que finde o meu injusto cativeiro. Essa velha doida, que por aqui cacareja, é uma impostora. Nunca a ha-

via visto mais torta... nem tão desbocada, corcunda e desgrenhada.

O Gigante irritado vai rosnando ao quarto do filho Progresso. Encontra a velha se esforçando pra calçar as botas no avantajado pirralho.

(VIÚVA, gemendo) — Ai! que tens o pé grande, menino!
(BELFEDOR) — Dona Humanidade, teria umas palavritas a lhe dizer...
(VIÚVA) — Ué, mudei agora de nome? Vossa Sublimitude havia dito que meu nome era Medusa...
(BELFEDOR) — É verdade, Dona Humanidade... Perdão, Dona Medusa! E como vai o menino?
(VIÚVA) — Fazendo jus ao nome. Graças à minha orientação, carinhosa mas firme, este robusto pirralho avança a passos de gigante.
(BELFEDOR) — A propósito, o seu filho...
(VIÚVA) — Um grande poeta, o Paulinho. Embora Vossa Augusta Giganteza insista em não apreciar os versos dele, tão musicais...
(BELFEDOR) — Pois o Paulinho diz que não é seu filho.
(VIÚVA, pálida) — Oh! dor dilacerante que me fulmina o materno coração! Um ingrato, o Paulinho... Pois como então não é ele meu filho, carne de minha carne? Estará acaso me renegando? Abra-se a meus pés o pélago do Inferno, se houvera eu mentido...
(BELFEDOR) — Talvez ele se desespere porque a senhora não seja mãe dele...
(VIÚVA) — Lá isso é verdade.

(BELFEDOR, rosnando) — E como ousa a senhora mentir para mim?
(VIÚVA, soluçando) — O amor à Arte nos leva a desatinos.
(BELFEDOR) — O amor à Arte?
(VIÚVA) — Seus belíssimos versos...
(BELFEDOR) — Pois por amor à Arte culinária farei da senhora um chucrute.
(O Gigante avança ameaçador. A velha arregala os olhos. Belfedor estaca, petrificado.)
(PROGRESSO, assustado) — Papai, Papai!...
(VIÚVA) — Teu papai agora é monumento nacional, filhote...

E com uma gargalhada enlouquecida, a velha pula pela janela, corre pelo quintal e desamarra o Sol, que num belo impulso se alça, refulgindo gloriosamente os raios.

(SOL) — Gratíssimo, Dona Medusa!...
(MEDUSA) — E pra onde vais com tanta pressa, gostosão?
(SOL) — Pra ficar bem grande e brilhante, agora vou pro Brasil.

20. Buzina

Janjão, com asas colossais e possante trombeta, se coloca solene em cima de uma nuvem rosada. Será que é mesmo hoje, hoje que ele sopra a buzina? Será que é mesmo hoje que os mortos remoçados pulam da cova?... Janjão dá uma sopradinha de leve, pra experimentar o instrumento. Mas bem de levezinho, porque se soprar um pouco mais forte pode provocar o início acidental do cósmico forró antes da hora marcada. E qual é a hora?... Isso nem o Nostradamus, nem o Monstrengo do Fernando Pessoa nos saberiam dizer. Na falta do Monstrengo, que está a tomar um trago de verdelho no Martinho, vem o Corvo e pousa na nuvem. Olha meio de banda pro Janjão e sussurra:

(CORVO) — É pra já que começa?
(JANJÃO) — Isto é assunto bíblico, ó plumáceo, não é pro teu bico.
(CORVO) — Plumáceo por plumáceo, também és. E bípede também. Mas sem bico, e sem unhas aduncas. Pois assunto bíblico é mesmo comigo.
(JANJÃO, zombador) — Oh oh oh!!! Essa é boa... o Corvo querendo entrar na História Santa! Só faltava essa...

(CORVO) — Já de há muito entrei na Bíblia, muito antes do que imaginar possas, em tempos que ainda eras coroinha de procissão.

(JANJÃO) — Olha a falta de compostura... Não me faças perder a paciência. E desde quando te imaginas participar das Sagradas Escrituras?...

(CORVO) — Quando entrei na Bíblia, a baleia do Jonas ainda era uma sardinha...

(JANJÃO) — Pretensão e água benta... Mas quando afinal entraste na Bíblia?

(CORVO) — Nos tempos do Dilúvio, quando a Arca encalhou no monte Ararat. Noé desconfiava, não estava lá muito seguro de que as águas houvessem de todo baixado e me mandou investigar.

(JANJÃO) — A ti não, bestalhão! Ele mandou a Pomba...

(CORVO) — Essa Pomba da Paz, que adora se meter em política, foi bem depois de mim que o Noé a despachou. O primeiro a voar da Arca fui eu.

(JANJÃO) — Se foste tu que ele despachou, por que então a Pomba entra na história?

(CORVO) — Porque eu parti... e nunca mais voltei.

(JANJÃO, preocupado) — Nunca mais?

(CORVO, soturno) — Nunca mais.

(Eis que vem descendo das alturas um Velho de barbas encaracoladas, semblante severo, na direção da nuvem. Janjão o percebe, se agita e espanta o Corvo. A nuvem estremece, se entorta, fica cai, não cai. Entra Velho, exit Corvo.)

(VELHO) — Ora, Janjão, chega de frivolidades! Só faltava agora ficares aí a debicar sandices com um corvo. Um pouco mais de zelo não te faria mal. Ajeita o camisolão, te penteia. Garbo e distinção. Prepara-te, rapaz.
(JANJÃO, assustado) — Sim, Mestre.
(VELHO) — A buzina está pronta?
(JANJÃO) — Sim, Mestre.
(VELHO) — Tens certeza?
(JANJÃO) — Sim, Mestre, já vou mostrar-vos... (sopra a buzina)

(Ffoooooonnnnnnnnnnnnnnnn)
(VELHO, enfurecido) — Mas que fizeste, biltre???!!! Pulha!!!! Burro!!!!
(Começa o Forró.)

21. Lauréis

No camarim grenat do Theatro Morfeo, a Glória, mais deslumbrante que nunca, se olha no espelho, a cabeleira doirada semeada de lantejoulas, o busto exuberante mal se contendo no decote de babados, já quase, quase arrebentando os botõezinhos de madrepérola. Batem à porta: "Glorinha, é Janjão". "Avante." Eis o Arcanjo, imponente, de trombeta e asas portentosas.

(GLÓRIA) — Pois então?
(JANJÃO) — Avia-te, menina! Ai! rosários!, lá embaixo os tifosi já estão pulando fora das tumbas. Ai! que horror!, vai crescendo uma agitação incontrolável.
(GLÓRIA) — Mas como assim, Janjão? Pois se ainda não era hora da trombetada?...
(JANJÃO) — Ai!, escapulários!, eu soprei sem querer...
(GLÓRIA) — Oh! lauréis!, e o Babbo, o que disse?
(JANJÃO) — Soltou o verbo, está uma fera comigo. Quer me arrancar as asas! Ai! cilícios!, só tu me poderás salvar. Vem acalmar os desvairados, agora ou nunca!...

Janjão vem puxando Glória pra beira das cumeeiras. Ajuda a moça a pular na nuvem, que logo e logo flutua pro centro do palco. Os tifosi olham pra cima e começam a gritar:

(TIFOSI) — Glória!! Glória!! Sursum corda!!
(GLÓRIA, lançando lauréis) — Tutti quanti!! Ubi bene, ibi patria!!
(TIFOSI, cada vez mais agitados) — Corta a corda!! Vem!! Vem!! Cai!! Cai!!
(GLÓRIA, sorrindo nervosa) — Spiritus ubi vult spirat!!
(TIFOSI, lançando pedras sepulcrais à nuvem) — Cai!! Cai!! É minha!! É minha!!
(GLÓRIA, assustada, pra Janjão) — Eles estão loucos, Janjão!
(JANJÃO, debruçado na platibanda) — Calma, Glorinha, sorri pra eles... Tempera que vai... Dá um adeusinho... Joga umas flores...
(Uma pedrada violentíssima quase faz cair a nuvem. A pobre moça solta um grito de terror. A gritaria aumenta e as pedradas vão acertando mais e mais na nuvem.)
(TIFOSI) — É minha!! Tua não, é minha!! É minha!! Cai!! Cai!! Minha!! Minha!!
(GLÓRIA, s'equilibrando na nuvem amassada, pra Janjão) — Faze alguma coisa, anjo de merda!! Foste tu que aprontaste a esparrela!! Faze alguma coisa!!!
(Janjão pula pra dentro da nuvem e dá uma mijada colossal em cima dos tifosi.)
(TIFOSI, nadando desesperados) — É o Dilúvio!! Socorro!! Socorro!! Socorro!!
(Cai apressadamente a cortina, não só no palco, mas também nas poltronas e camarotes submersos, com o público desesperadamente nadando...)

22. Guizos

A chuva diluvial enfim amainou. O furioso temporal fez terríveis estragos no cemitério. Alguns esqueletos foram arrancados da tumba e se espalham no meio do caminho. Os coveiros se estafam em reparar os estragos. Há uma certa dificuldade para identificar os esqueletos. "Deveriam usar um colar com plaquinha do nome", diz Manuel da Cruz se coçando, apoiado à sua pá. Professor Fumegas, que observa os trabalhos, puxa uma baforada mais forte do cachimbo.

(FUMEGAS) — Colarzinho no defunto?
(MANUEL) — Não no defunto, Professor, mas no esqueleto.
(FUMEGAS) — Qual a diferença?
(MANUEL) — Todo esqueleto tem defunto, mas nem todo defunto tem esqueleto.
(FUMEGAS) — É justamente o contrário, seu Manuel: todo defunto tem esqueleto. Mas há muito esqueleto sem defunto.
(MANUEL) — Como assim, Professor?
(FUMEGAS) — Esqueletos antigos, encontrados em escavações arqueológicas...
(MANUEL) — Engana-se, Professor. Enquanto o defunto não morrer, ainda está vivo. E, enquanto vivo, não tem o esqueleto, porque este está forrado por dentro e se não po-

de tirar. Mas quando aparece o esqueleto, o defunto desapareceu, comido pelas minhocas.

Professor Fumegas puxa outra baforada mais forte e abre o guarda-chuva. Foi-se o temporal, mas seguem caindo uns derradeiros pingos, persistentes.

Duas portas, frente a frente, a da Vida e a da Morte. Ou a do Palácio e a do Botequim. O Bufão Malastrettas sai de uma em direção à outra, mas no meio da rua a ventania arrebata-lhe a touca.

Malastrettas corre atrás da touca, mas a touca, rolando e tilintando os guizos, também corre. Malastrettas acelera, e a touca corre mais depressa, tilintando, tilintando. Malastrettas desacelera, e a touca rola mais devagar, Malastrettas se lança com todas as forças numa louca carreira, e a touca, aos pulos, foge desabalada, saltando as poças, tilintando furiosamente os guizos...

Por fim, encharcado de chuva, Malastrettas desiste da carreira inútil. E ofegante e irritado, abandona a insólita caçada.

A touca vem, então, rolando, rolando em silêncio, atrás do Bufão.

ESTA OBRA FOI COMPOSTA PELO GRUPO DE CRIAÇÃO EM MERIDIEN
E IMPRESSA PELA GRÁFICA BARTIRA EM OFSETE SOBRE PAPEL PÓLEN BOLD
DA COMPANHIA SUZANO PARA A EDITORA SCHWARCZ EM AGOSTO DE 2004